Études de l'OCDE sur la croissance verte

Améliorer l'efficacité énergétique dans la chaîne agroalimentaire

Cet ouvrage est publié sous la responsabilité du Secrétaire général de l'OCDE. Les opinions et les interprétations exprimées ne reflètent pas nécessairement les vues officielles des pays membres de l'OCDE.

Ce document, ainsi que les données et cartes qu'il peut comprendre, sont sans préjudice du statut de tout territoire, de la souveraineté s'exerçant sur ce dernier, du tracé des frontières et limites internationales, et du nom de tout territoire, ville ou région.

Merci de citer cet ouvrage comme suit :
OCDE (2017), *Améliorer l'efficacité énergétique dans la chaîne agroalimentaire*, Études de l'OCDE sur la croissance verte, Éditions OCDE, Paris.
http://dx.doi.org/10.1787/9789264287761-fr

ISBN 978-92-64-28777-8 (imprimé)
ISBN 978-92-64-28776-1 (PDF)

Série : Études de l'OCDE sur la croissance verte
ISSN 2222-9531 (imprimé)
ISSN 2222-954X (en ligne)

Les données statistiques concernant Israël sont fournies par et sous la responsabilité des autorités israéliennes compétentes. L'utilisation de ces données par l'OCDE est sans préjudice du statut des hauteurs du Golan, de Jérusalem-Est et des colonies de peuplement israéliennes en Cisjordanie aux termes du droit international.

Crédits photo : Couverture © design by advitam for the OECD

Les corrigenda des publications de l'OCDE sont disponibles sur : *www.oecd.org/about/publishing/corrigenda.htm*.

Avant-propos

Pour mettre en place un développement durable et atteindre leurs objectifs de croissance verte, les gouvernements doivent favoriser une utilisation rationnelle des ressources naturelles. Dans beaucoup de pays, le secteur agroalimentaire est un important consommateur d'énergies fossiles. Par conséquent, améliorer l'efficacité énergétique de la chaîne alimentaire devrait être une priorité et un élément clé des stratégies de croissance verte.

Plusieurs facteurs ont pour effet d'amplifier la consommation d'énergie du secteur, dont la croissance économique, la progression du revenu des consommateurs et la demande croissante de produits prêts à l'emploi. Cette consommation continuera d'ailleurs d'augmenter dans les prochaines années si l'on en croit les prévisions. Du fait de sa forte dépendance à l'égard des combustibles fossiles, le secteur agroalimentaire émet aussi des quantités non négligeables de gaz à effet de serre. Dans ces conditions, il devient de plus en plus important de rechercher des moyens d'améliorer l'efficacité énergétique de la chaîne alimentaire.

Le présent rapport examine les possibilités de relever ce défi – c'est-à-dire d'accroître la production par unité d'énergie consommée – et présente un ensemble de recommandations d'action à l'intention des pouvoirs publics. Les mesures envisagées concernent aussi bien les producteurs que les consommateurs.

Pour commencer, le résumé propose une synthèse des principaux enseignements du rapport. Après avoir expliqué dans le chapitre 1 pourquoi la question de l'efficacité énergétique dans le secteur agroalimentaire doit retenir l'attention, nous examinerons dans le chapitre 2 les usages de l'énergie dans les exploitations agricoles et les moyens de les améliorer, avant de faire le point dans le chapitre 3 sur ces mêmes usages et sur l'efficacité énergétique dans les autres parties de la chaîne alimentaire. Le chapitre 4 se penchera ensuite sur les mesures pouvant cibler la chaîne d'approvisionnement, et évaluera le rôle des consommateurs, tandis que le cinquième et dernier chapitre présentera une série de mesures pouvant être prises pour améliorer l'efficacité énergétique dans l'ensemble de la chaîne alimentaire.

Ce rapport s'inscrit dans le cadre des travaux plus généraux de l'OCDE sur la croissance verte en agriculture, au sujet desquels on trouvera de plus amples informations à l'adresse : www.oecd.org/fr/tad/agriculture-durable/greengrowthforfoodagricultureandfisheries.htm.

Remerciements

Dimitris Diakosavvas, qui a dirigé le projet, est l'auteur principal de ce rapport. Le rapport s'appuie sur des documents de référence préparés par trois consultants: Clara Thompson-Lipponen (OCDE), Bruce Traill (Professeur émérite, Université de Reading, Royaume-Uni) et Dominic Moran (Scottish Agricultural College, Royaume-Uni). Les commentaires des délégués du GTMAE et des collègues de l'OCDE et de l'Agence Internationale de l'Énergie (AIE) ont été grandement appréciés, en particulier ceux d'Eric Masanet, Adam Brown, Ronald Steenblik et Céline Giner. Nos remerciements vont aussi à Mark Mateo pour l'assistance statistique. Robert Akam a contribué à la mise en forme du document. Theresa Poincet a fourni une assistance de secrétariat très précieuse tout au long du processus de production et a également préparé la publication du rapport. Véronique de Saint-Martin a contribué à sa traduction en français. Natasha Cline-Thomas et Michèle Patterson ont contribué à sa production.

Ce rapport a été préparé par la Direction des Échanges et de l'Agriculture de l'OCDE. Il a été déclassifié par le Groupe de travail mixte sur l'Agriculture et l'Environnement (GTMAE) de l'OCDE en avril 2017.

Table des matières

Acronymes et abréviations 7

Résumé 9

Chapitre 1. **En quoi l'efficacité énergétique dans la chaine agroalimentaire est-elle importante ?** 13

Un défi : l'augmentation de l'utilisation d'énergie dans le secteur agroalimentaire 14
L'amélioration de l'efficacité énergétique dans le secteur agroalimentaire sert divers objectifs liés à l'énergie 17
Les efforts du secteur privé sont de plus en plus axés sur l'efficacité énergétique 18
Les pouvoirs publics peuvent contribuer à encourager l'efficacité énergétique 19
Notes 20
Bibliographie 21
Annexe 1A.1. Définition des termes : Considérations méthodologiques 23

Chapitre 2. **Utilisation d'énergie et possibilités d'amélioration de l'efficacité énergétique au sein de l'exploitation** 25

Situation actuelle et tendances récentes 30
Responsabiliser l'agriculture : options d'amélioration de l'efficacité énergétique 32
Notes 42
Bibliographie 44
Annexe 2A.1. Données empiriques sur l'utilisation et la productivité de l'énergie directe au sein de l'exploitation 48

Chapitre 3. **Utilisation d'énergie et amélioration de l'efficacité énergétique à l'aval de la chaine alimentaire** 59

L'industrie agroalimentaire 56
La vente au détail de produits alimentaires 61
Restauration 65
Notes 66
Bibliographie 67
Annexe 3A.1. Mesures prises par FoodDrinkEurope pour réduire les émissions 69

Chapitre 4. **Mesures transversales visant à améliorer l'efficacité énergétique de la chaine alimentaire** 75

Le rôle des consommateurs dans l'amélioration de l'efficacité énergétique 72
La réduction du gaspillage à tous les stades de la chaîne d'approvisionnement offre des avantages sur tous les plans 73
Promouvoir l'efficacité énergétique de l'utilisation d'eau 77
Tirer parti des possibilités offertes par les énergies renouvelables 79
Des changements opérationnels peuvent aboutir à d'importantes économies d'énergie 81
Des changements transversaux d'ordre technologique ou relatifs à la conception sont également possibles 82
Notes 83
Bibliographie 84

Chapitre 5. **Exploiter les gisements d'efficacité énergétique dans la chaine alimentaire** 91

Consacrons-nous suffisamment d'énergie à l'amélioration de l'efficacité énergétique de la chaine alimentaire ? 92
Un cadre d'action facilitant l'envoi de signaux-prix appropriés aux producteurs et aux consommateurs ... 90
Quelques exemples nationaux 102
Notes 112
Bibliographie 114
Annexe 5A.1. Principaux moyens d'amélioration de l'efficacité énergétique de la chaine alimentaire 118

Tableaux

Tableau A2.1. Productivité de l'énergie directe dans l'exploitation, 1995-97 et 2010-12 (1900=100) 49
Tableau A2.2. Composition de l'utilisation d'énergie directe dans la zone de l'OCDE, 1990-2013 (%) 50
Tableau A2.3. Vue d'ensemble des utilisations directes de l'énergie dans l'agriculture anglaise, par activité et par secteur 51
Tableau A2.4. Mesures les plus efficaces par rapport aux coûts et économie nette ou coût net 52
Tableau 5.1. Les multiples difficultés de l'amélioration de l'efficacité énergétique dans la chaine alimentaire 90
Tableau 5.2. Principaux obstacles à l'amélioration de l'efficacité énergétique et réponses possibles des pouvoirs publics 94
Tableau A5.1. Possibilités d'améliorer l'efficacité énergétique des composantes particulièrement énergivores de la chaine alimentaire 118

Figures

Graphique 2.1. De 2 à 3 % de l'énergie totale est consommée au sein de l'exploitation 27
Graphique 2.2. L'efficacité de la consommation directe d'énergie de l'agriculture s'améliore 28
Graphique 2.3. Les combustibles fossiles constituent la principale source de consommation directe d'énergie au sein de l'exploitation dans la zone de l'OCDE, 2011-13 (%) 30
Graphique 3.1. La transformation des aliments consomme une grande quantité d'énergie 57
Graphique 3.2. Le gaz naturel est la principale source d'énergie utilisée pour la transformation des aliments dans la zone de l'OCDE, 2011-13 (%) 58
Graphique 3.3. L'efficacité énergétique du secteur de la transformation des aliments s'améliore 58
Graphique 5.1. La fiscalité énergétique dans le secteur agricole varie selon les pays 96
Graphique 5.2. L'énergie est en moyenne moins taxée en agriculture que dans les autres secteurs 101

Acronymes et abréviations

ACEE	Conseil américain pour une économie économe en énergie
ACV	Analyse du cycle de vie
ADEME	Agence de l'environnement et de la maîtrise de l'énergie (France)
AIE	Agence internationale de l'énergie
ALT	Accord à long terme
ATES	Approvisionnements totaux en énergie primaire
bBtu	Milliard d'unités thermiques britanniques
BIAC	Comité consultatif économique et industriel auprès de l'OCDE
Btu	Unité thermique britannique
CCA	Accords sur le changement climatique (Royaume-Uni)
CCNUCC	Convention-cadre des Nations Unies sur le changement climatique
CEFC	Clean Energy Finance Corporation (Australie)
CEP	Programme pour une énergie propre et efficiente (Pays-Bas)
CITI	Classification internationale type, par industrie, de toutes les branches d'activité économique
CO_2	Dioxyde de carbone
CVC	Chauffage, ventilation et climatisation
DEE	Directive sur l'efficacité énergétique (Union européenne)
DEFRA	Ministère britannique de l'Environnement, de l'Alimentation et des Affaires rurales
DKK	Couronne danoise
EECA	Energy Efficiency and Conservation Authority (Nouvelle-Zélande)
EJ	Exajoule
EPA	Agence pour la protection de l'environnement (États-Unis)
éq-CO_2	Équivalent dioxyde de carbone
EQIP	Environmental Quality Incentive Program (États-Unis)
EUR	Euro
FAO	Organisation des Nations Unies pour l'alimentation et l'agriculture
FDF	Food and Drink Federation
GBP	Livre britannique
GES	Gaz à effet de serre
GIEC	Groupe d'experts intergouvernemental sur l'évolution du climat
Gj	Gigajoule (= 10^9 J)
GPL	Gaz de pétrole liquéfié
Gt	Gigatonne
GW	Gigawatt
ha	Hectare
IFA	Association internationale de l'industrie des engrais
IFES	Integrated Food-Energy System
J	Joule

Kg	Kilogramme
Kgep	Kilogramme d'équivalent pétrole
Ktep	Kilotonne d'équivalent pétrole
kVA	Kilovoltampère (1000 voltampères)
kWh	Kilowatt-heure
l	Litre
MBtu	Méga Btu
MJ	Mégajoule = 10^6 J
Mt	Tonne métrique
Mtep	Million de tonnes équivalent pétrole
MWé	Mégawatt électrique
N_2O	Hémioxyde d'azote
NFU	National Farmers' Union (Angleterre)
NH_3	Ammoniac
NH_4	Méthane
NRDC	Natural Resources Defence Council
OCDE	Organisation de coopération et de développement économiques
OFAG	Office fédéral de l'agriculture (Suisse)
PCCE	Production combinée de chaleur et d'électricité
PJ	Pétajoule (= 10^{15}J)
PME	Petites et moyennes entreprises
qBtu	Quadrillion de Btu
R-D	Recherche et développement
REAP	Rural Energy for America Program
SEQE-UE	Système d'échange de quotas d'émission de l'Union européenne
t	Tonne métrique
tCO_2	Tonne de CO_2
Tep	Tonne d'équivalent pétrole
Tj	Térajoule
TWh	Térawatt-heure
UE	Union européenne
UGB	Unité de gros bétail
USD	Dollar des États-Unis
WRAP	Waste and Resources Action Programme (Royaume-Uni)

Résumé

La quasi-totalité des activités du système alimentaire sont tributaires d'une forme ou d'une autre d'énergie, aujourd'hui principalement fournie par des combustibles fossiles. La nécessité d'utiliser efficacement les ressources naturelles rares, de diminuer les émissions de gaz à effet de serre, de réduire au minimum les coûts énergétiques et de favoriser la compétitivité du secteur agroalimentaire montre à quel point la question de l'efficacité énergétique est importante : il s'agit de consommer moins d'énergie pour produire le même volume de biens et services. L'amélioration de l'efficacité d'utilisation de l'énergie dans la chaine agroalimentaire est une priorité fondamentale pour plusieurs pays de l'OCDE et un élément essentiel des stratégies de croissance verte.

La chaine alimentaire est actuellement grosse consommatrice d'énergie et très dépendante des combustibles fossiles

- Les études empiriques disponibles – qui portent principalement sur les États de l'UE et sur les États-Unis – suggèrent que le système alimentaire représente jusqu'à 20 % de la consommation totale d'énergie dans certains pays de l'OCDE. Au niveau de l'exploitation, la consommation d'énergie n'est pas seulement directe – sous la forme du combustible ou de l'électricité nécessaires aux activités agricoles – mais aussi indirecte – sous la forme d'engrais et de produits chimiques provenant de l'extérieur de l'exploitation. Dans la zone de l'OCDE, l'utilisation directe d'énergie par l'agriculture ne représente en moyenne que 2 % de la consommation totale d'énergie. En outre, l'énergie contribue pour une part importante et très variable au coût des produits alimentaires.
- Une bonne partie de l'augmentation de la consommation d'énergie a été provoquée par l'évolution des modes de vie et des préférences des consommateurs, et en particulier par une demande accrue de produits transformés et d'aliments prêts à consommer. L'efficacité énergétique du système est par ailleurs réduite par un gaspillage alimentaire d'une ampleur non négligeable.
- La consommation d'énergie et l'efficacité énergétique potentielle des systèmes de production alimentaire sont très variables, et elles sont principalement fonction de l'activité particulière considérée, ainsi que des conditions agro-écologiques. Les possibilités d'économie d'énergie sont donc nombreuses, cependant, à ce stade, leur identification nécessite d'approfondir la recherche.
- Il est largement admis que les gains d'efficacité énergétique peuvent offrir des avantages privés. Le secteur privé s'efforce dès à présent de prendre des mesures en ce domaine, compte tenu des initiatives des pouvoirs publics et des évolutions de la législation, de la hausse des prix de l'énergie et de la volonté de beaucoup d'entreprises d'améliorer leur performance sociale et environnementale.
- Dans la zone de l'OCDE, les améliorations de l'efficacité énergétique ont principalement été obtenues par la mise en œuvre de pratiques et de technologies éprouvées de gestion et d'économie de l'énergie, ainsi que de projets et d'activités rapidement rentables. Au nombre de ces mesures figurent la gestion des éléments nutritifs, l'agriculture de précision, la valorisation des déchets, et le recours à des technologies plus efficaces de production, de réfrigération et de transport. Certaines interventions présentent l'avantage de diminuer les coûts liés à la consommation d'énergie tout en réduisant les émissions de GES associées aux intrants.

- Certains éléments sont essentiels pour obtenir des gains d'efficacité énergétique dans le secteur privé : i) disposer d'une infrastructure de gestion de l'énergie s'appuyant sur des responsabilités clairement définies, des données fiables, un suivi permanent et un examen des performances ; et ii) s'être fixé des objectifs en matière d'innovation et, plus généralement, de déploiement de technologies innovantes.
- Malgré les efforts actuels, les dysfonctionnements du marché, les distorsions induites par l'action des pouvoirs publics et les obstacles financiers, organisationnels et comportementaux constituent autant d'entraves aux initiatives du secteur privé visant à une plus grande efficacité énergétique. Les entreprises alimentaires réclament un environnement réglementaire clair, cohérent, favorisant les gains d'efficacité énergétique, et au sein duquel le secteur privé puisse prospérer. Dans l'ensemble, les gouvernements des pays de l'OCDE sont de plus en plus conscients de la nécessité d'améliorer l'efficacité énergétique en remédiant aux défaillances de l'action publique et en encourageant les partenariats public-privé.

Principales recommandations

Favoriser l'efficacité énergétique au sein de la chaine alimentaire, en assurant la cohérence avec les autres objectifs de l'action publique

- Si l'objectif recherché est d'obtenir des gains d'efficacité énergétique dans l'ensemble de la chaine, il est essentiel de transmettre des signaux de prix appropriés aux producteurs et aux consommateurs. Il faut éliminer les subventions implicites ou explicites qui faussent les signaux de prix si l'on veut que les entreprises soient incitées à prendre des décisions d'utilisation des ressources plus respectueuses de l'environnement. De même, les faibles taux d'imposition et les exonérations dont bénéficient les combustibles et les carburants utilisés par le secteur agricole portent à croire que certaines des possibilités de réduire à moindre coût les émissions de carbone sont de fait sacrifiées. Dans nombre de pays, une réévaluation pourrait être nécessaire pour vérifier expressément si le régime d'imposition en vigueur est bien adapté à leurs objectifs environnementaux, sociaux et économiques. Il importe également de permettre aux mécanismes de marché de jouer leur rôle, de manière à inciter le secteur privé à mettre au point et à adopter les nouvelles technologies et les innovations. Les partenariats public-privé pourraient avoir un rôle crucial à jouer.
- Les mesures destinées à améliorer l'efficacité énergétique doivent également être cohérentes et tenir compte des synergies et des corrélations négatives avec les politiques portant sur des questions telles que la productivité, l'utilisation d'eau, la santé, ou encore l'innocuité des aliments. Par exemple, les méthodes mises en œuvre pour réduire la consommation d'énergie qui entraînent dans le même temps une baisse de la productivité, comme c'est le cas de la réduction (par opposition à l'optimisation) des apports d'engrais, sont rarement bénéfiques pour l'agriculteur. Une augmentation au fil du temps des apports d'énergie peut même être justifiée par une amélioration de la productivité et des économies d'eau.
- Une stratégie assise sur les meilleures pratiques doit :
  - identifier les obstacles aux investissements rentables visant à améliorer l'efficacité énergétique – et tenter de les surmonter ;
  - évaluer les possibilités d'amélioration de l'efficacité énergétique, et privilégier les actions axées sur les segments de la chaine agroalimentaire où les politiques publiques ont la plus forte probabilité d'entraîner les plus grands gains d'efficacité au moindre coût ;
  - fixer des objectifs et des délais clairs, et mettre en place des méthodes d'évaluation ; et
  - assurer la cohérence avec les stratégies dans les domaines énergétique, environnemental/ climatique, et économique.

Promouvoir une meilleure prise de conscience par le public de la quantité d'énergie nécessaire pour produire les aliments

- L'efficacité des mesures axées sur les signaux de prix peut être renforcée par des initiatives complémentaires dans le domaine de l'information, bien qu'il soit souhaitable que celles-ci s'inscrivent dans un plan d'action plus large.
- Il convient de prendre dûment en considération le rapport coût-efficacité et les difficultés que rencontrerait un changement des comportements de production, comparativement à celles auxquelles se heurterait une modification des habitudes de consommation. Les campagnes d'information du public, les actions de sensibilisation et un étiquetage permettant aux consommateurs de faire des choix éclairés et de réduire les déchets sont indispensables mais leurs effets ne se font sentir qu'à long terme et sont souvent imprévisibles. Si les pouvoirs publics collaborent avec l'industrie en vue de promouvoir une modification de la composition des produits, une réduction des emballages et l'offre de produits alimentaires incorporant de moindres proportions de carbone, leurs efforts peuvent avoir des effets positifs, même si des mesures budgétaires peuvent également être nécessaires pour favoriser ces évolutions.

Encourager une meilleure connaissance des gisements potentiels de gains d'efficacité

- Du fait du manque de données, des lacunes méthodologiques, et de la diversité des méthodes utilisées pour mesurer la consommation d'énergie et l'efficacité de la chaîne agro-alimentaire, des incertitudes considérables continuent à exister concernant la mesure et le suivi des quantités d'énergie utilisées et de l'efficacité énergétique des différentes composantes de la chaine alimentaire. Des efforts sont nécessaires pour concevoir une méthodologie commune permettant d'améliorer la collecte de données et de mieux comprendre quels sont les gains potentiels d'efficacité énergétique dans les composantes des différents systèmes de production alimentaire, ce qui conduira à la création de politiques publiques et de réponses de la part des entreprises plus efficaces.

Chapitre 1

En quoi l'efficacité énergétique dans la chaine agroalimentaire est-elle importante ?

L'énergie est cruciale pour la croissance économique et constitue un déterminant essentiel de la capacité du secteur agroalimentaire à améliorer sa productivité, sa compétitivité et sa durabilité. L'amélioration de l'efficacité d'utilisation de l'énergie – la consommation d'une moindre quantité d'énergie pour obtenir le même volume de production de biens et services – est un outil important auquel les autorités peuvent avoir recours pour obtenir un certain nombre de résultats positifs dans leurs efforts pour atteindre plusieurs de leurs objectifs prioritaires, depuis la croissance économique jusqu'à la réduction des émissions de gaz, en passant par la sécurité énergétique et la sécurité alimentaire. Pour planter le décor, le présent chapitre traite de la demande croissante d'énergie au sein de la chaine alimentaire. Les synergies et les chevauchements entre les objectifs en matière d'efficacité énergétique, de gaspillage alimentaire et de réduction des émissions de GES sont examinés, et les problèmes théoriques et méthodologiques que soulève la mesure de la consommation d'énergie et de l'efficacité énergétique sont mis en évidence.

L'utilisation efficace des ressources naturelles est devenue une priorité essentielle de l'élaboration des politiques dans les pays de l'OCDE et un élément fondamental des stratégies de croissance verte. Il est toutefois difficile d'accroître l'efficacité d'utilisation des ressources naturelles telles que les terres, l'eau et l'énergie tout en répondant aux besoins d'une population mondiale en expansion et de plus en plus prospère (OCDE, 2013).

Le présent rapport examine la question de la consommation d'énergie et de l'efficacité énergétique dans l'ensemble de la chaine alimentaire, en mettant l'accent sur les initiatives du secteur privé et sur la manière dont les pouvoirs publics peuvent créer les conditions d'une plus grande efficacité énergétique au sein du secteur. La demande d'énergie de l'ensemble du secteur augmentera sans doute régulièrement, tant dans l'agriculture que plus en aval dans les segments de la transformation et de la distribution.

La dépendance croissante de toute la chaine alimentaire à l'égard de l'utilisation d'énergie (principalement sous la forme de combustibles fossiles) suscite des inquiétudes quant aux effets exercés par les niveaux élevés ou par la variabilité des prix de l'énergie sur les coûts de production, la compétitivité, le prix final à la consommation des produits alimentaires, ou encore la sécurité énergétique. Outre ces motifs de préoccupation, l'utilisation d'énergie dans la chaine alimentaire risque également d'avoir un impact sur l'environnement, du fait par exemple des émissions de gaz à effet de serre (GES). Des progrès ont certes été accomplis, mais les secteurs public et privé pourraient en faire davantage pour exploiter pleinement toutes les possibilités d'amélioration de l'efficacité énergétique du système alimentaire.

Ce rapport présente une synthèse des études disponibles sur l'utilisation d'énergie dans le système alimentaire afin d'examiner les mesures qui ont été – ou pourraient être – prises aux différents niveaux de la chaine alimentaire ; toutefois, les innovations techniques concrètes ne seront pas abordées ici, car elles sont propres à chaque entreprise et à chaque industrie. Les questions examinées dans le rapport concernent principalement les domaines où les efforts du secteur public pour créer un environnement dans lequel le secteur privé puisse exploiter pleinement et durablement toutes les possibilités d'accroître la productivité de la chaine alimentaire.

Un défi : l'augmentation de l'utilisation d'énergie dans le secteur agroalimentaire

La chaine alimentaire se compose d'une multiplicité de chaînes d'approvisionnement ou de valeur d'une grande complexité, et bon nombre de ses produits finals incorporent des intrants issus de diverses industries. Le type d'énergie utilisée et la manière dont elle est mise en œuvre dans la chaine alimentaire peuvent aider à déterminer dans quelle mesure le système alimentaire d'un pays pourra contribuer à atteindre les objectifs de croissance et de productivité dans le respect de l'environnement. L'énergie est en effet utilisée dans toute la chaine alimentaire : pour la production de cultures, de poisson, d'animaux d'élevage et de produits forestiers ; pour les opérations post-récolte ; pour le stockage et la transformation des produits alimentaires ; pour leur transport et leur distribution ; ainsi que pour leur préparation. Elle contribue en outre à la transformation et à la réutilisation des différents types de déchets et de sous-produits générés par le processus de production alimentaire.

Les denrées alimentaires sont périssables et composites et la quantité d'énergie nécessaire pour les faire passer « de l'exploitation à l'assiette » est très variable selon les cas. Y compris pour un même type de produit, le « coût » énergétique diffère sensiblement en fonction des variations des superficies cultivées, des pratiques agricoles, de l'efficacité des opérations de transformation et de stockage, de la saison de production et/ou de consommation, des besoins de transport, etc. En outre, dans la plupart des pays de l'OCDE, les chaînes d'approvisionnement sont désormais constituées d'une multiplicité de stades de production et de transformation caractérisés à divers degrés par leur intégration verticale et horizontale. En outre, la diversité des chaînes d'approvisionnement propres à chaque produit rend extrêmement difficile une comptabilisation précise de l'énergie consommée aux fins de production alimentaire (annexe 1A.1).

À tout stade de la chaine alimentaire, l'utilisation d'énergie peut être directe, dans le cadre d'un processus de production particulier, ou indirecte, auquel cas elle concerne l'énergie incorporée dans les intrants fournis par d'autres industries contribuant à l'obtention du produit final (encadré 1.1). Certains maillons de la chaîne d'approvisionnement se caractérisent par une utilisation directe de l'énergie, ce qui facilite la mesure et le suivi de l'efficacité énergétique. La prise en compte et la réduction de l'utilisation indirecte d'énergie s'avère plus difficile, en particulier dans le cas de l'agriculture.

Encadré 1.1. Définition de l'utilisation d'énergie pour l'approvisionnement en produits alimentaires

L'efficacité énergétique renvoie à l'utilisation d'une moindre quantité d'énergie pour produire le même volume de biens et services. Elle peut en toute rigueur être définie comme une réduction de l'utilisation de toutes les sources d'énergie – qu'il s'agisse de combustibles fossiles ou d'énergies renouvelables – grâce à des mesures d'économie d'énergie. Il importe toutefois de distinguer « l'efficacité énergétique » de l'économie d'énergie, concept plus large qui peut également recouvrir la renonciation à un service et pas uniquement une amélioration du degré d'efficacité de son processus de production.

La plupart des produits alimentaires se caractérisent par un cycle de vie spécifique qui conjugue une utilisation directe d'énergie à certains stades (tels que le séchage des récoltes au sein de l'exploitation) et une utilisation indirecte d'énergie liée à la production des autres intrants intermédiaires incorporés au terme du processus dans le produit final. La mesure directe de la consommation totale d'énergie est d'autant moins pertinente que le cycle de vie d'un produit est complexe. Par exemple, pour ce qui est du secteur agricole, l'énergie directe consommée par l'agriculture est notamment composée d'électricité, de fioul domestique et de carburant pour les machines utilisées pour la production des cultures, le séchage des céréales, l'élevage et la production animale, le chauffage/refroidissement des bâtiments abritant les animaux, le transport des produits agricoles et la consommation personnelle d'énergie de l'exploitant (par exemple, pour chauffer sa maison d'habitation ou se rendre en ville en voiture). L'énergie indirecte correspond quant à elle à l'énergie consommée pour la production, l'emballage et le transport jusqu'à l'exploitation d'engrais, de pesticides, de machines agricoles ou de bâtiments (CAEEDAC, 2000).

Dans les pays de l'OCDE, l'utilisation directe d'énergie par l'agriculture est globalement conforme à sa contribution au PIB (autour de 2 %), mais l'ensemble du système alimentaire contribue bien davantage à l'utilisation d'énergie en amont comme en aval (encadré 1.2). Par exemple, la FAO (2011) suggère que, dans l'ensemble, le système alimentaire représente environ 30 % de la consommation totale d'énergie finale dans le monde – dont plus de 70 % sont consommés à l'extérieur de l'exploitation – et produit environ un cinquième des émissions de GES. En outre, plus d'un tiers de la production alimentaire est perdue ou gaspillée, et avec elle environ 38 % de l'énergie consommée dans la chaine alimentaire. En outre, à tous les stades de la chaine alimentaire, la majeure partie de l'énergie utilisée est issue de combustibles fossiles.

L'utilisation d'énergie, y compris dans le secteur agroalimentaire, devrait sensiblement augmenter dans les décennies à venir (OCDE, 2012). La croissance économique, l'augmentation des revenus des consommateurs, le progrès technologique, les évolutions de la démographie et des modes de vie sont autant de facteurs de changement des modes de consommation et de production alimentaire, et par voie de conséquence de la demande d'énergie.

La consommation accrue d'énergie du secteur agroalimentaire tient principalement à la recherche d'une plus grande commodité par les consommateurs, qui se tournent davantage vers les plats préparés et prennent une plus grande part de leurs repas hors de chez eux, deux options qui nécessitent de plus grandes quantités d'énergie (Blandford, 2013). Les mutations des habitudes de consommation alimentaire touchent un grand nombre de pays, en particulier les économies émergentes. Bien que les augmentations futures de la demande d'énergie imputables à l'agriculture *elle-même* puissent être relativement modestes, de nouvelles évolutions des modes de vie et des habitudes de consommation alimentaire à l'échelle mondiale risquent de soumettre à de plus grandes tensions les approvisionnements énergétiques mondiaux.

Encadré 1.2. La chaine alimentaire est grosse consommatrice d'énergie

La diversité des définitions utilisées et la variabilité des contours des différentes chaînes d'approvisionnement font obstacle à une comparaison cohérente de la consommation totale d'énergie (directe et indirecte) de la chaine alimentaire et de ses différentes composantes. Les chiffres suggèrent toutefois qu'elle pourrait représenter jusqu'à 19 % de la consommation totale d'énergie aux États-Unis (Pimental, 2006 ; Canning et al., 2010 ; Schnepf, 2004). Au sein de l'UE, cette part s'élèverait, d'après les études, à 17 % pour l'UE-27 (Monforti-Ferrario et al., 2015), à 14 % pour la France (INSEE, 2015), à 13 % pour la Suède (Wallgren et Hojer, 2009) ; et à 18 % pour le Royaume-Uni (Tassou, et al., 2014). En France, le secteur agroalimentaire est le troisième plus important consommateur d'énergie du pays.

Contre toute attente, l'étude récente et très complète consacrée à l'UE27, qui s'appuie sur la méthode de l'ACV, parvient à la conclusion que l'agriculture (production végétale et élevage) constituait en 2013 la composante du système alimentaire la plus énergivore : elle comptait pour près d'un tiers de la consommation totale d'énergie de la chaine de production alimentaire (Monforti-Ferrario et al., 2015). Le deuxième stade le plus important du cycle de vie des produits alimentaires était celui de la transformation industrielle – qui représentait 28 % de la consommation totale d'énergie. Environ 60 % de l'énergie incorporée (la somme de tous les apports d'énergie sur l'ensemble de la chaîne de production) dans les produits alimentaires consommés au sein de l'UE-27 étaient imputables à l'agriculture et à la logistique – deux secteurs où l'utilisation de combustibles fossiles est largement prédominante et où la pénétration des énergies renouvelables demeure relativement limitée.

Les estimations indicatives de la FAO (2011) relatives à la consommation d'énergie du secteur agroalimentaire et de ses composantes montrent que : i) dans son ensemble, le secteur agroalimentaire contribue, directement ou indirectement, pour environ 30 % à la consommation totale d'énergie finale de la planète – dont plus de 70 % sont consommés à l'extérieur de l'exploitation ; ii) la chaine alimentaire produit environ un cinquième des émissions mondiales de GES ; iii) la production primaire de l'agriculture et de la pêche représente environ un cinquième de la demande totale d'énergie, mais compte pour les deux tiers des émissions de GES ; iv) dans les pays à revenu élevé, une plus forte proportion de cette énergie est consacrée à la transformation et au transport, tandis que dans les pays à faible revenu la cuisson en consomme la plus grande part ; v) plus d'un tiers de la production alimentaire est perdue ou gaspillée, et avec elle environ 38 % de l'énergie consommée par la chaine alimentaire ; et vi) la part de la consommation d'énergie imputable à la vente au détail, à la préparation et à la cuisson des aliments est considérablement plus forte dans les pays à faible PIB (environ 45 %) que dans ceux à PIB élevé (30 %).

Dans l'Union européenne, à tous les stades de l'ensemble du cycle de vie des produits alimentaires, la plus grande partie de l'énergie utilisée est issue de combustibles fossiles (79 %), l'énergie nucléaire arrivant en deuxième position (14 %) (Monforti-Ferrario et al., 2015). L'énergie hydroélectrique joue un rôle important dans la transformation industrielle, alors que l'énergie tirée de la biomasse occupe une place non négligeable au stade ultime du cycle de vie. Bien que les pays de l'UE aient accompli d'importants progrès dans l'intégration des énergies renouvelables dans l'ensemble de leur économie, la part des énergies renouvelables dans le système alimentaire demeure relativement faible et ne représente que 7 % de l'énergie totale consommée au cours du cycle de vie des produits alimentaires.

Un certain nombre d'études se sont penchées sur la consommation d'énergie liée à l'alimentation aux États-Unis. Ces études indiquent de manière générale que : i) la consommation d'énergie liée à l'alimentation continue d'absorber une part appréciable du budget énergétique total du pays ; ii) la consommation d'énergie liée à l'alimentation imputable aux ménages est la plus forte de celles observées aux sept étapes de la chaîne d'approvisionnement prises en considération (agriculture, transformation, conditionnement, transport, vente en gros ou au détail, services alimentaires, ménages) ; iii) la consommation d'énergie augmente le plus dans la transformation des aliments puisque aussi bien les ménages que les établissements de services alimentaires ont de plus en plus externalisé chez les transformateurs la préparation manuelle des aliments et le nettoyage et iv) les flux d'énergie liés à l'alimentation pourraient avoir considérablement augmenté au fil des ans (Canning et al., 2010 ; 2017). La consommation accrue d'énergie du secteur tient principalement à la recherche d'une plus grande commodité par les consommateurs, qui se tournent davantage vers les plats préparés et prennent une plus grande part de leurs repas hors de chez eux, deux options qui nécessitent de plus grandes quantités d'énergie. La croissance de la population, la hausse des dépenses alimentaires par habitant et un recours accru à des technologies consommatrices d'énergie ont augmenté la consommation d'énergie liée à l'alimentation.

Au Royaume-Uni, le secteur agroalimentaire est très dépendant de l'énergie, principalement du pétrole et du gaz, et aucune composante de la chaîne d'approvisionnement n'est à l'abri des hausses du coût de l'énergie ou des difficultés d'approvisionnement. Compte tenu de la longueur et de la complexité de la chaîne d'approvisionnement, les diverses étapes sont vulnérables à des moments différents en fonction du type d'énergie utilisé, et les conséquences potentielles sont également variables. Les opérations effectuées au domicile des consommateurs, à savoir la cuisson et la réfrigération représentent la plus grande part, suivies par la transformation, le transport commercial,, l'agriculture, la vente au détail et la restauration (DEFRA, 2013). L'utilisation d'énergie à des fins de production alimentaire (production primaire et transformation) est très variable selon le produit. Le passage en revue des études fondées sur l'analyse du cycle de vie réalisé par le DEFRA (2013) a mis en évidence que la consommation d'énergie à des fins de production, exprimée en MJ/kg, couvrait une fourchette allant de 2.2 (pomme de terre) à 51.3 (fromage). L'utilisation d'énergie au cours du cycle de vie des produits était également très variable ; la production primaire en représentait de 17 % (yaourt) à 63 % (lait). Malgré le peu de données disponibles concernant la consommation d'énergie au stade de la transformation, la fourchette de variation demeurait considérable puisqu'elle allait de 3 % (riz et oignon) à 64 % (pain). L'utilisation d'énergie au stade du transport dépendait de l'encombrement des produits (pommes, 40 %) et de la distance (riz, 28 %).

L'expansion de la production d'aliments prêts à consommer et les changements dans la manière dont les aliments sont présentés aux consommateurs (par exemple, la vente de légumes lavés et emballés plutôt qu'à l'état brut) pouvait non seulement entraîner une utilisation accrue d'énergie, mais aussi de plus gros volumes de déchets d'emballage. Les normes établies par les détaillants (telles que les exigences concernant la taille et l'apparence des fruits et légumes) peuvent également grossir les flux de déchets, puisque les produits qui ne satisfont pas à ces exigences ne trouveront pas preneur. Une grande partie des déchets alimentaires qui servaient autrefois à nourrir le bétail finissent à présent à la décharge.

Cette tendance coïncide avec les besoins accrus en énergie liés aux effets du changement climatique. À l'avenir, des conditions météorologiques plus extrêmes et une plus grande fréquence des périodes de sécheresse au printemps et en été, ainsi que des années pluvieuses, pourraient entraîner une augmentation de la consommation d'énergie. Lors des épisodes de sécheresse, un surcroît d'énergie peut être nécessaire pour irriguer les cultures, tandis que par temps humide, les machines et les tracteurs peuvent consommer davantage de carburant[1]. Les travaux de l'OCDE sur les combustibles fossiles suggèrent que l'énergie est certes essentielle pour la croissance, mais que les modes d'utilisation actuels sous la forme de combustibles fossiles ne peuvent être maintenus si l'on veut se conformer aux objectifs fixés en matière de changement climatique (OCDE, 2015a).

L'agriculture est également une source d'émissions de CO_2 dans la mesure où elle consomme de l'énergie (carburant, électricité, chauffage, par exemple) et où elle est l'utilisatrice finale de divers intrants dont la production nécessite une grande quantité d'énergie (comme les engrais ou les pesticides)[2]. Dans les pays développés, à l'extérieur de l'exploitation, les émissions de CO_2 les plus élevées sont observées dans le cadre de la transformation des produits alimentaires, du transport et des activités connexes réalisées au domicile du consommateur (telles que la cuisson ou la réfrigération) alors qu'elles sont non négligeables mais légèrement inférieures dans les secteurs de l'emballage, de la vente au détail et de la restauration (FAO, 2011 ; Sims et al., 2015). La réfrigération est une source majeure d'émissions de GES dans les secteurs de la transformation, de la vente au détail et de la restauration et l'omniprésence des systèmes frigorifiques a favorisé le développement des aliments réfrigérés. Ces comportements solidement ancrés dans les pays développés constituent une tendance majeure pour les systèmes alimentaires des économies émergentes.

Les émissions imputables à la consommation d'énergie au sein de l'exploitation et à la production d'engrais représentent environ 8 à 10 % des émissions agricoles mondiales (Sims et al., 2015 ; FAO, 2011 ; Wirsenius et al., 2011). Une étude estime qu'en l'absence de mesures de réduction, les émissions mondiales annuelles d'émissions de GES imputables à l'agriculture pourraient augmenter de 30 % d'ici à 2030 par rapport aux niveaux estimés de 2005 (McKinsey and Company, cité par Wreford et al., 2010). Aux États-Unis, l'utilisation de combustibles fossiles liée à la consommation intérieure de produits alimentaires était à l'origine de 13.6 % de l'ensemble des émissions de CO_2 imputables aux combustibles fossiles au sein de l'économie en 2007 (Canning et al., 2017).

Les émissions agricoles présentent en outre une caractéristique importante, à savoir qu'elles sont le fruit des activités d'un grand nombre de petites sources d'émissions, circonstance qui, conjuguée à la diversité des conditions de production selon les pays comme au sein de chacun d'eux entraîne une grande hétérogénéité des coûts de réduction. Cette hétérogénéité a des conséquences importantes sur la conception de politiques d'atténuation d'un bon rapport efficacité-coût (de Cara et Jayet, 2011).

L'amélioration de l'efficacité énergétique dans le secteur agroalimentaire sert divers objectifs liés à l'énergie

L'amélioration de l'efficacité de l'utilisation d'énergie – une moindre quantité d'énergie étant utilisée pour produire le même volume de biens et de services – est largement considérée par de nombreux gouvernements du monde entier comme le moyen le plus efficace par rapport aux coûts et le plus aisé à mettre en œuvre pour faire face à nombre de problèmes liés à l'énergie, dont la sécurité énergétique, les impacts sociaux et économiques des prix élevés de l'énergie et les craintes suscitées par le changement climatique (AIE, 2014a)[3]. Dans le même temps, l'efficacité énergétique accroît la compétitivité des entreprises et favorise le bien-être des consommateurs.

La réussite des projets d'amélioration de l'efficacité énergétique peut offrir divers avantages supplémentaires allant bien au-delà de la réduction de la facture énergétique ou de celle des émissions. Plusieurs auteurs ont constaté que les technologies qui accroissent l'efficacité énergétique peuvent entraîner des améliorations du processus de production, telles qu'une baisse des coûts d'exploitation et des frais d'entretien, une augmentation des rendements de production, l'ouverture de nouveaux débouchés sur les marchés alimentaires qui exigent une certification de la durabilité ou de la performance énergétique et des conditions de travail plus sûres, autant de facteurs qui renforcent la productivité, l'efficacité globale et la rentabilité d'une entreprise (Worrell et al., 2001 ; AIE, 2014a ; OCDE, 2015b).

Les mesures d'amélioration de l'efficacité énergétique ont permis des baisses du coût du capital et du travail encore plus fortes que les économies d'énergie proprement dites (Worrell et al., 2001). En effet, d'après l'AIE (2014a), la valeur des gains de productivité et des avantages opérationnels découlant des mesures d'amélioration de l'efficacité énergétique pourrait être jusqu'à 2.5 supérieure à celle des économies d'énergie, selon le contexte et le montant de l'investissement. Il est ainsi apparu que les projets de l'industrie alimentaire pour lesquels la durée d'amortissement initialement calculée s'élevait à trois ou quatre ans devenaient pleinement rentables en une seule année lorsque les avantages de ce type sont pris en compte dans l'évaluation globale. L'amélioration de l'efficacité énergétique peut aussi permettre aux entreprises d'accroître leurs bénéfices en une période de forte volatilité des prix de l'énergie, ainsi que d'améliorer l'image de leurs produits auprès des consommateurs et d'augmenter ce faisant les ventes (Verghese et al., 2012).

Outre les avantages économiques, il a été constaté que les technologies favorisant l'efficacité énergétique ont également dans certains cas des effets moins évidents mais tout aussi importants en termes d'économie d'eau et de réduction des déchets, par exemple, lesquels peuvent à leur tour permettre des économies d'énergie dans le domaine de la gestion de l'eau et des déchets (Charpentier, 2016 ; Worrell et al., 2001).

Il serait utile de savoir dans quelles composantes de la chaine alimentaire les émissions sont les plus fortes et où leur réduction pourrait être assurée à moindre coût, afin de déterminer où des gains d'efficacité énergétique pourraient être réalisés. C'est d'autant plus important que les idées communément tenues pour acquises sont souvent erronées, comme celle selon laquelle les aliments produits localement nécessiteraient de moindres volumes d'énergie (et d'émissions) (Van Hauwermeiren et al., 2007). Par exemple, les comparaisons des quantités d'énergie et d'émissions fondées sur des concepts simples tels que celui des « kilomètres-aliment » (c'est-à-dire la distance parcourue par un produit) peuvent être trompeuses du fait des considérables différences des volumes d'émission au stade de la production. Les produits peuvent par exemple être très différents les uns des autres sous l'angle de l'énergie nécessaire pour les produire et un produit ayant parcouru une longue distance peut avoir généré moins d'émissions qu'un autre produit localement dans des conditions impliquant une grosse consommation d'énergie.

Les efforts du secteur privé sont de plus en plus axés sur l'efficacité énergétique

Le secteur privé s'intéresse de plus en plus à l'efficacité énergétique en raison de sa prise de conscience croissante des limites que présentent les combustibles fossiles lorsqu'il s'agit d'assurer une productivité durable, ainsi que des conséquences des émissions de GES et des effets de la variabilité et de la hausse des prix de l'énergie sur sa compétitivité et sa productivité. L'efficacité énergétique apparaît de plus en plus comme l'un des principaux moyens et des plus efficaces par rapport aux coûts qui permettent de réduire les émissions de GES et d'autres polluants atmosphériques importants (AIE, 2014a ; Masanet et al., 2012).

La hausse des prix de l'énergie encourage inévitablement les efforts en faveur d'une plus grande efficacité d'utilisation de l'énergie dans la chaine alimentaire. L'impact exercé par l'augmentation du prix de l'énergie serait ainsi la résultante de son effet direct sur la quantité d'énergie utilisée au sein des exploitations et de son effet sur les prix des produits agrochimiques et des autres services tels que ceux de transport. Toutefois, les agriculteurs peuvent habilement réduire leur utilisation d'intrants pour s'adapter à la hausse des prix.

Si, par exemple, l'augmentation des prix de l'énergie et des engrais a une incidence notable sur la rentabilité de l'exploitation, les agriculteurs s'efforceront d'adopter des pratiques de gestion permettant d'en réduire l'utilisation. Une diminution de l'utilisation d'énergie pourrait être obtenue grâce à des mesures telles qu'une utilisation moins intensive des machines et un entretien plus fréquent des moteurs. La baisse de la consommation d'engrais pourrait quant à elle être assurée grâce à un recours accru à l'analyse des sols, à des modifications de la composition des populations végétales, ainsi qu'au recours à des méthodes de précision pour procéder à leur application. Les entreprises de la chaine agroalimentaire auront donc naturellement tendance à chercher les moyens d'économiser l'énergie si son prix continue d'augmenter en termes réels. Le bas niveau des prix des combustibles fossiles récemment observé pourrait cependant décourager de nouveaux efforts pour accroître l'efficacité énergétique. Néanmoins, la chute des prix du pétrole a également créé dans certains pays des conditions propices à une réduction des subventions en faveur de l'utilisation finale de combustibles fossiles, qui réduisent l'attrait économique des investissements visant à améliorer l'efficacité énergétique (AIE, 2015).

Le secteur privé a accompli d'importants progrès du point de vue de l'amélioration de l'efficacité énergétique dans la chaine alimentaire grâce à l'innovation, à l'investissement dans des technologies plus efficaces et à l'adoption de pratiques de gestion favorisant davantage l'efficacité énergétique. Mais on en attend davantage, et il serait possible d'aller encore plus loin. L'Union européenne a par exemple lancé une initiative majeure en matière d'efficacité énergétique, dans le cadre de laquelle elle évalue à 20 % la réduction de la consommation d'énergie qui pourrait être obtenue grâce à des mesures d'une bonne efficacité-coût destinées à agir sur l'offre comme sur la demande.

Les pouvoirs publics peuvent contribuer à encourager l'efficacité énergétique

Pour pouvoir tirer parti des incitations économiques destinées à promouvoir l'efficacité énergétique, un certain nombre de conditions doivent être remplies : transparence des prix de l'énergie, information sur les possibilités d'amélioration de l'efficacité énergétique et investissement dans la recherche-développement, entre autres. Les pouvoirs publics ont un rôle important à jouer dans chacun de ces domaines.

Les pouvoirs publics peuvent jouer un rôle décisif en promouvant l'efficacité énergétique dans la chaine alimentaire grâce à l'adoption de politiques favorables aux entreprises afin de permettre au secteur privé d'exploiter toutes ses potentialités. Les principaux moteurs de l'efficacité énergétique – à savoir l'investissement et l'innovation – exigent la mise en place d'un cadre d'action propice dans lequel les initiatives d'investissement et d'innovation lancées par le secteur privé ou de nature collaborative puissent prospérer. Pour ce faire, une approche dans laquelle la cohérence de l'action publique et le partenariat avec le secteur privé jouent un rôle essentiel doit être adoptée.

La réponse du secteur privé aux défis de l'amélioration de l'efficacité énergétique peut être amplifiée si les entreprises sont en mesure d'exploiter les opportunités commerciales qui pourraient s'en trouver créées. L'amélioration de l'efficacité énergétique de la chaine alimentaire se heurte toutefois à de nombreux obstacles. Ils peuvent notamment prendre la forme de distorsions du marché, d'un manque d'information et de coordination et d'une aversion pour le risque. L'efficacité énergétique de la chaine agroalimentaire doit par ailleurs être examinée parallèlement aux autres facteurs qui déterminent les décisions d'investissement, tels que la mise au point de nouveaux produits, l'expansion des marchés et le choix de la localisation des activités de production destinées à répondre à l'augmentation de la demande.

Les entreprises pourraient par ailleurs intensifier leurs efforts pour accroître l'efficacité énergétique des produits alimentaires si les consommateurs privilégient l'achat des produits moins gourmands en énergie. La mise en œuvre par les pouvoirs publics de campagnes de sensibilisation et d'un partage des connaissances à plus grande échelle à l'intention de tous les acteurs de la chaine agroalimentaire, y compris les consommateurs, et le rôle de la réglementation et des taxes implicites ou explicites dans l'internalisation des effets externes exercés sur l'environnement par les décisions de production et de consommation revêtent une grande importance.

Les autorités doivent garder à l'esprit que l'amélioration de l'efficacité énergétique peut entraîner moins d'économies d'énergie que prévu du fait d'un « rebond » de la consommation d'énergie, et qu'elle peut même dans certains cas aboutir à une augmentation des quantités d'énergie utilisées. À mesure qu'ils réduisent leurs dépenses énergétiques grâce à l'amélioration de l'efficacité énergétique, les consommateurs peuvent consacrer les économies ainsi réalisées à d'autres activités à forte intensité d'énergie, ou accroître leur demande de ce nouveau service, contrecarrant ainsi les économies potentielles d'énergie. Par exemple, les consommateurs qui achètent des appareils ménagers moins gourmands en énergie peuvent les utiliser plus fréquemment du fait de la diminution de leur coût de fonctionnement (Gillingham, Rapson et Wagner, 2015 ; Sorrell et Dimitropoulos, 2008 ; Tollefson, 2011)[4].

Les autorités doivent en outre tenir compte du fait que l'amélioration de l'efficacité énergétique ne se traduit pas nécessairement par une réduction des émissions de CO_2 : tout dépend du type d'énergie considéré. Si l'énergie est fournie par des combustibles fossiles, l'amélioration de l'efficacité permettra de réduire les émissions. Mais si l'énergie est tirée d'une source à faible teneur en carbone, telle que les énergies renouvelables, l'amélioration de l'efficacité risque de n'avoir guère d'impact sur les émissions[5]. Néanmoins, l'amélioration globale de l'efficacité énergétique constitue un outil essentiel de réduction des émissions de CO_2, au même titre que les économies d'énergie, les sources d'énergie à faible teneur en carbone telles que les énergies renouvelables, ou encore le captage et le stockage du carbone.

Qui plus est, si l'objectif est de réduire la consommation d'énergie, l'efficacité énergétique n'est qu'un des nombreux éléments qui ont une incidence sur l'utilisation d'énergie. En effet, les économies d'énergie peuvent ou non s'accompagner d'une amélioration de l'efficacité énergétique – en fonction de la relation entre les intrants et les extrants. En d'autres termes, la consommation d'énergie peut être réduite avec ou sans amélioration de l'efficacité énergétique, et elle peut aussi bien augmenter malgré des gains d'efficacité énergétique.

Notes

1. Dans le même temps, la hausse des températures pourrait réduire le besoin de chauffage en bien des endroits.

2. Ces émissions pourraient être éliminées lorsqu'elles proviennent d'électricité produite à partir de combustibles fossiles, si des sources d'électricité zéro-émissions devaient remplacer l'infrastructure actuelle.

3. L'amélioration de l'efficacité énergétique dans la plus majeure partie de la chaine alimentaire entraînera une réduction des émissions de GES. L'agriculture constitue cependant une exception puisqu'une grande partie des émissions de GES du secteur sont composées d'hémioxyde d'azote (N_2O) et de méthane (NH_4).

4. L'effet rebond prend la forme d'une réduction des gains escomptés de l'adoption de nouvelles technologies améliorant l'efficacité d'utilisation des ressources, du fait des réactions comportementales ou de nature systémique. L'effet rebond est généralement exprimé sous la forme d'un ratio entre le « manque à gagner » en termes d'économies d'énergie et les avantages environnementaux escomptés lorsque la consommation est supposée constante. L'effet rebond peut être de divers types, selon son ampleur. La situation où l'économie de ressources effective est négative du fait que l'augmentation de la consommation est plus élevée que les économies potentielles (l'effet rebond étant alors supérieur à 100 %) est généralement connue sous le nom de « paradoxe de Jevons » (Gillingham, Rapson et Wagner, 2015 ; Sorrell et Dimitropoulos, 2008).

5. Par exemple, lorsque l'on compare les appareils ménagers électriques et non électriques, il importe de tenir également compte de l'efficacité de la production d'électricité : le remplacement d'une chaudière à gaz ayant un rendement de 90 % par un radiateur électrique offrant un rendement de 100 % pourrait accroître l'utilisation d'énergie et les émissions si l'électricité est fournie par des centrales alimentées par des combustibles fossiles, qui sont elles-mêmes inefficaces du fait de leur grande déperdition d'énergie sous forme de pertes de chaleur.

Bibliographie

Agence internationale de l'énergie (AIE) (2015), *Energy Efficiency Market Report*, https://www.iea.org/publications/freepublications/publication/energy-efficiency-market-report-2015-.html, Agence internationale de l'énergie, Paris.

AIE (2014a), *Capturing the Multiple Benefits of Energy Efficiency*, www.iea.org/bookshop/475-Capturing_the_Multiple_Benefits_of_Energy_Efficiency, Agence internationale de l'énergie, Paris.

AIE (2014b), *Energy Efficiency Indicators: Essentials for Policy Making*, www.iea.org/publications/freepublications/publication/energy-efficiency-indicators-essentials-for-policy-making.html, Agence internationale de l'énergie, Paris.

Blandford, D. (2013), *Green Growth in the Agro-Food Chain: What Role for the Private Sector?,* document d'information présenté à l'atelier OCDE/BIAC « La croissance verte dans la filière agroalimentaire : quel rôle pour le secteur privé ? », 24 avril 2013, www.oecd.org/tad/sustainable-agriculture/Session%201%20BLANDFORD_FORM.pdf.

Burney, J. (2001), « How much energy does it take to make your meal? Understanding the energy inputs into the food system at different scales », Programme on Food Security and the Environment, TomKat Center for Sustainable Energy Stanford University, https://fsi.stanford.edu/sites/default/files/jennifer_burney.pdf.

Canadian Agricultural Energy End-Use Data Analysis Center (CAEEDAC) (2000), *Direct Energy Use in Agriculture and the Food Sectors – Separation by Farm Type and Location,* A Report to Natural Resources Canada, by The Canadian Agricultural Energy End Use Data and Analysis Centre final report, www.usask.ca/agriculture/caedac/pubs/Food.pdf.

Canning, P. et al. (2017), *The Role of Fossil Fuels in the U.S. Food System and the American Diet*, Economic Research, United States Department of Agriculture, Economic Research Report, n° 224.

Canning, P. et al. (2010), *Energy Use in the U.S. Food System* Economic Research Service, United States Department of Agriculture, Economic Research Report, n° 94.

Carlsson-Kanyama, A., M. Ekström et H. Shanahan (2003), « Food and life-cycle energy inputs: consequences of diet and ways to increase efficiency », *Ecological Economics*, vol. 44, n° 2-3.

Charpentier, O. (2016), *Efficient Energy Use in Agri-food Chains*, Institut interaméricain de coopération pour l'agriculture (IICA), www.iica.int/sites/default/files/publications/files/2016/B3984i.pdf.

De Cara, S. et P.A. Jayet (2011), « Marginal abatement costs of greenhouse gas emissions from European agriculture, cost effectiveness, and the EU non-ETS burden sharing agreement », *Ecological Economics*, vol. 70, pp. 1680-1690.

De Vries, M. et I. de Boer (2010), « Comparing environmental impacts for livestock products: A review of life-cycle assessments », *Livestock Science*, vol. 128.

Department for Environment, Food and Rural Affairs (DEFRA) (2013), *Energy Dependency and Food Chain Security*, Report FO0415, Londres, Royaume-Uni, http://randd.defra.gov.uk/Default.aspx?Menu=Menu&Module=More&Location=None&Completed=0&ProjectID=16433.

EUROSTAT (2012), *Agri-environmental indicator – Energy use*, http://ec.europa.eu/eurostat/statistics-explained/index.php/Agri-environmental_indicator_-_energy_use

Gillingham, K., D. Rapson et G. Wagner (2015), « The Rebound Effect and Energy Efficiency Policy », *Review of Environmental Economics and Policy*, vol. 10, n° 1.

Heller, M. et G. Keoleian (2000), « Life Cycle-Based Sustainability Indicators for Assessment of the U.S. », *Food System*, The Center for Sustainable Systems, Michigan, États-Unis.

Institut national de la statistique et des études économiques (INSEE) (2015), *Les consommations d'énergie dans l'industrie en 2013*, www.insee.fr/fr/publications-et-services/irweb.asp?id=irecoeacei13.

Masanet, E., P. Therkelsen et E. Worrell (2012), *Energy Efficiency Improvement and Cost Saving Opportunities for* the *Baking Industry*, Ernest Orlando Lawrence Berkeley National Laboratory, www.energystar.gov/ia/business/industry/downloads/Baking_Guide.pdf.

Monforti-Ferrario, F. et al. (2015), *Energy use in the EU food sector: State of play and opportunities for* improvement, Commission européenne, Centre commun de recherche, Bruxelles, Belgique.

OCDE (2015a), *Rapport accompagnant l'inventaire OCDE des mesures de soutien pour les combustibles fossiles*, Éditions OCDE, Paris, http://dx.doi.org/10.1787/9789264243583-fr.

OCDE (2015b), *An Introduction to Energy Management Systems: Energy Savings and Increased Industrial Productivity for the Iron and Steel Sector*, Éditions OCDE, Paris, www.oecd.org/sti/ind/Energy-efficiency-steel-sector-1.pdf.

OCDE (2013), Moyens *d'action au service de la croissance verte en agriculture*, Éditions OCDE, http://dx.doi.org/10.1787/9789264204140-fr.

OECD (2012), *Perspectives de l'environnement de l'OCDE à l'horizon 2050: Les conséquences de l'inaction*, Éditions OCDE, Paris, http://dx.doi.org/10.1787/env_outlook-2012-fr.

Office fédéral de l'agriculture (OFAG) (2015), *Rapport agricole,* Berne, Suisse, http://2015.agrarbericht.ch/fr.

Organisation des Nations Unies pour l'alimentation et l'agriculture (FAO) (2011), *Aliments « énergétiquement intelligents » pour les gens et le climat –Brève analyse*, Rome, http://www.fao.org/3/a-i2454f.pdf.

Pimentel, D. (2006), *Impacts of* organic *farming on the efficiency of energy use in agriculture*, The Organic Centre, Cornell University.

Saunders, C. et A. Barber (2008), « Carbon Footprints, Life Cycle Analysis, Food Miles: Global Trends and Market Issues », *Political Science*, vol. 60, n° 1.

Schnepf, R. (2004), *Energy Use in* Agriculture*: Background and Issues*, CRS Report for Congress, www.nationalaglawcenter.org/assets/crs/RL32677.pdf.

Sims, R., A. Flammini, M. Puri et S. Bracco (2015), *Opportunities For Agri-Food Chains To Become Energy-Smart*, http://www.fao.org/3/a-i5125e.pdf.

Sorrell, S. et J. Dimitropoulos (2008), « The rebound effect: Microeconomic definitions, limitations and extensions », *Ecological Economics*, vol.65, pp. 636-649.

Tassou, S., M. Kolokotroni, B. Gowreesunker, V. Stojkeska, A. Azapagic, P. Fryer et S. Bakalis (2014), « Energy Demand and Reduction Opportunities in the UK Food Chain », *Energy*, vol. 167, n° 3.

Tollefson, J. (2011), « Experts tangle over energy-efficiency 'rebound' effect », *Nature.*

Van Hauwermeiren, A. et al. (2007), « Energy lifecycle inputs in food systems: A comparison of local versus mainstream cases », *Journal of Environmental Policy Plan*, vol. 9, n° 1.

Verghese, K., H. Lewis et L. Fitzpatrick (2012), *Packaging for Sustainability*, Springer, Londres.

Wallgren, C. et M. Höjer (2009), « Eating energy-identifying possibilities for reduced energy use in the future food supply system », *Energy Policy*, vol. 37, n° 12.

Wirsenius, S., F. Hedenus et K. Mohlin (2011), « Greenhouse Gas Taxes on Animal Food Products: Rationale, Tax Scheme and Climate Mitigation Effects », *Climatic Change*, vol. 108, pp. 159-184.

Weber, C.L. et H.S. Matthews (2008), « Food-miles and the relative climate impacts of food choices in the United States », *Environmental Science and Technology*, vol. 42, n° 10.

Worrell, E. et al. (2001), « Productivity Benefits of Industrial Energy Efficiency Measures », *Energy*, vol. 28, n° 11, http://escholarship.org/uc/item/0013f49z#page-2.

Wreford, A., D. Moran et N. Adger (2010), *Climate Change and Agriculture: Impacts, Adaptation and Mitigation*, Éditions OCDE, Paris.

Annexe 1A.1

Définition des termes : considérations méthodologiques

Les problèmes de mesure de l'utilisation d'énergie

Le suivi des évolutions de l'efficacité énergétique et la comparaison des performances des différents pays sont difficiles faute d'un indicateur unique permettant de mesurer les degrés d'efficacité énergétique et leurs variations. Au lieu de cela, dans le cadre du bilan énergétique d'un processus de production, divers indicateurs peuvent être utilisés et sous-tendre l'analyse de l'efficacité énergétique (AIE, 2014b). Parmi les indicateurs envisageables figurent notamment l'énergie primaire par rapport à la superficie cultivée ou par tonne de produit agricole, ainsi que l'énergie incorporée dans les produits agricoles, divisée par la quantité d'énergie consommée (OFAG, 2015). Bien que la superficie cultivée soit souvent utilisée comme dénominateur, le lien entre cette variable et la consommation d'énergie n'est pas très étroit. Par exemple, dans l'Union européenne, la plus forte consommation d'énergie par le secteur agricole par rapport à la superficie cultivée exprimée en hectares était observée aux Pays-Bas, du fait principalement de la culture intensive sous serre. Ce type de culture comptait pour 80 % de la consommation totale d'énergie de l'agriculture en 2010, alors qu'elle ne couvre que 0.5 % de la superficie cultivée totale du pays (EUROSTAT, 2012).

L'évaluation quantitative des flux d'énergie dans les systèmes alimentaires est le plus souvent effectuée à l'aide de l'une des deux approches suivantes : l'analyse du cycle de vie (ACV) et la comptabilité entrées-sorties (Burney, 2001). Ces deux approches sont fondamentalement différentes du point de vue de leur conception comme des données sur lesquelles elles s'appuient, aussi n'est-il pas surprenant qu'elles aboutissent souvent à des résultats différents. Comme le montre clairement la diversité des indicateurs utilisés, l'analyse de la consommation d'énergie n'est toujours pas une science exacte, et cela explique pourquoi l'on dispose de si peu d'études détaillées, quel que soit le secteur, et à plus forte raison pour une filière aussi complexe que celle de l'alimentation. La délimitation des différents secteurs, l'agrégation des diverses formes d'énergie et la définition des « crédits d'énergie » au titre des sous-produits sont source de difficultés et aboutissent au final à des décisions subjectives.

Étant une méthodologie axée sur les produits, l'ACV tient compte de tous les apports d'énergie à tous les stades de la chaîne de production (et d'élimination), où qu'ils se produisent, et elle s'attache donc à isoler les besoins en énergie directs et indirects des différents produits. Toutes les étapes nécessaires à la création d'un produit donné sont analysées, à commencer par l'extraction des matières premières et leur transformation, suivies de la fabrication et de la distribution, jusqu'à aboutir à l'utilisation finale et/ou la consommation. L'ACV prend également en considération la réutilisation, le recyclage des matériaux, la récupération de l'énergie et l'élimination finale. Un regain d'intérêt pour certaines formes d'ACV, portant en particulier sur l'utilisation d'énergie et sur les émissions, a récemment pu être observé, à un moment où les distributeurs s'efforcent de mettre au point un étiquetage cohérent de l'empreinte énergétique de leurs produits.

L'ACV nécessite toutefois des données détaillées sur « l'histoire » du produit, et elle est sensible à la définition des contours du système de production et à la méthodologie utilisée pour répartir l'énergie grise entre les différents coproduits ou sous-produits. L'ACV demeure difficilement applicable aux grands secteurs économiques, car des produits apparemment « similaires » peuvent être en réalité extrêmement différents.

De nombreuses études faisant appel à l'ACV ont mis en évidence l'intensité énergétique cumulée des produits alimentaires (par exemple, de Vries et de Boer, 2010 ; Carlsson-Kanyama et al., 2003 ; Heller et

Keoleian, 2000)[1]. Toutefois, lors des comparaisons entre les différentes études, une importante réserve méthodologique tient au fait que les limites de l'analyse peuvent souvent varier de l'une à l'autre.

L'analyse des entrées-sorties peut être un moyen d'obtenir des estimations de l'utilisation d'intrants (énergie comprise) par unité de produit final à partir des relations existant entre les divers secteurs économiques et de leurs flux d'échange de ressources (dont l'énergie), et elle peut fournir des résultats très précis jusqu'à un certain niveau de désagrégation, en tenant compte des apports directs et indirects. L'analyse des entrées-sorties doit cependant être complétée par des données exogènes pour ce qui est des étapes du processus extérieures au secteur économique étudié. Toutefois, le degré d'exactitude de cette approche dépend également de l'exactitude des données relatives aux entrées-sorties, qui sont vite obsolètes. En outre, certains sous-secteurs de l'économie ne peuvent pas toujours faire l'objet d'une désagrégation suffisante pour assurer la cohérence des comparaisons entre produits (voir par exemple, Canning et al., 2010).

Note

1. Voir aussi www.agrilca.com.

Chapitre 2

Utilisation d'énergie et possibilités d'amélioration de l'efficacité énergétique au sein de l'exploitation

L'énergie est un facteur de production essentiel et influe sur la rentabilité et la compétitivité du secteur agricole. L'agriculture pourrait par ailleurs devenir une importante source potentielle d'énergie renouvelable, ouvrant ainsi de vastes perspectives économiques aux agriculteurs comme à l'économie rurale, tout en permettant d'améliorer l'environnement. Le présent chapitre porte essentiellement sur la question de l'utilisation d'énergie et de l'efficacité énergétique en agriculture. Il fournit quelques données empiriques sur la situation actuelle et les tendances de la consommation d'énergie et de l'efficacité énergétique dans le secteur agricole. Il examine également le gain d'efficacité potentiel pour les différentes catégories de produits (grandes cultures, fruits et légumes, viandes et produits laitiers, par exemple), ainsi qu'un certain nombre d'options permettant d'améliorer l'efficacité énergétique à l'intérieur des exploitations.

Les données statistiques concernant Israël sont fournies par et sous la responsabilité des autorités israéliennes compétentes. L'utilisation de ces données par l'OCDE est sans préjudice du statut des hauteurs de Golan, de Jérusalem-Est et des colonies de peuplement israéliennes en Cisjordanie aux termes du droit international.

Situation actuelle et tendances récentes

Différentes formes d'énergie sont utilisées à différentes fins. Les agriculteurs ont principalement recours à une énergie d'origine fossile – soit directement, dans les véhicules et les machines (y compris les tracteurs, les séchoirs et les appareils de chauffage) fonctionnant avec du carburant ou à l'électricité – ou indirectement, par l'intermédiaire de l'énergie nécessitée par la production des machines agricoles, des engrais ou des pesticides, des matières plastiques et des aliments pour animaux. Cependant, les différents systèmes de production mis en œuvre dans divers types d'environnement selon les pays présentent une grande variabilité du point de vue de l'utilisation d'énergie comme des économies d'énergie potentielles.

Modestes améliorations de l'efficacité de la consommation directe d'énergie de l'agriculture dans la zone de l'OCDE

Dans la zone de l'OCDE considérée globalement, l'utilisation d'énergie par l'agriculture se situe autour de 2 % de la consommation totale d'énergie pour la période 2011-2013 – ce qui est dans l'ensemble conforme à sa contribution au PIB (graphique 2.1). La Turquie, la Pologne, le Danemark et les Pays-Bas étaient les pays où ce pourcentage était le plus élevé, alors qu'il était inférieur à 1 % au Japon, au Luxembourg, en Suisse et au Royaume-Uni.

Compte tenu de ce chiffre peu élevé, on pourrait faire valoir que, dans la plupart des pays de l'OCDE, les évolutions de la consommation directe d'énergie dans le secteur agricole n'auront sans doute guère de conséquences majeures sur l'offre et la demande totales d'énergie dans le pays considéré. Cependant, dans le secteur agricole, l'évolution de l'offre et de la demande d'énergie peut avoir des effets non négligeables sur la rentabilité de l'agriculture d'un pays, ainsi que sur les pratiques de production et de gestion, étant donné que l'énergie et les intrants à forte intensité d'énergie constituent une part importante des coûts totaux de production dans la plupart des activités agricoles[1].

En France, en 2010, l'utilisation d'énergie, directe et indirecte, représentait en moyenne environ 13 % des coûts variables, certains secteurs (tels que l'horticulture) atteignant les 20 % (ADEME, 2012). Cependant, la consommation d'énergie de l'horticulture et de l'élevage de granivores est relativement modeste. En Italie, l'agriculture compte pour environ 3 % de la consommation nationale d'énergie. L'utilisation totale d'énergie constitue une part importante des coûts supportés par les agriculteurs et elle est étroitement liée au type et à la taille de l'exploitation (Fabiani et al., 2016). Aux États-Unis, 15 % en moyenne de l'ensemble des dépenses de production du secteur agricole sont liées à l'énergie. Ce chiffre varie en fonction du type d'agriculture, de la localisation géographique de l'exploitation, et du type de produits et de procédés utilisés (Brown et Elliot, 2005).

Dans l'ensemble de l'économie, un net découplage de la croissance économique et de la consommation d'énergie peut être observé au cours de la période 1990-2012, aussi bien pour les pays de l'OCDE que pour les pays non membres (graphique 2.2). En ce qui concerne l'agriculture dans la zone de l'OCDE, l'utilisation directe d'énergie a progressé tandis que l'amélioration de l'efficacité énergétique a été variable. Une nette tendance à la hausse de l'efficacité énergétique est visible à compter de 2006, peut-être en raison de l'augmentation des prix de l'énergie et de l'aggravation des préoccupations suscitées par le changement climatique. Par contre, à l'extérieur de la zone de l'OCDE, l'utilisation d'énergie s'est accrue à partir de l'an 2000, alors que l'efficacité énergétique s'est améliorée assez régulièrement depuis 1990. Les écarts entre les pays demeurent toutefois importants pour ce qui est des évolutions de l'utilisation d'énergie et de l'efficacité énergétique (tableau A2.1).

Le cadre mondial de suivi mis en place par la Banque mondiale pour l'initiative « Énergie durable pour tous 2014-24 » a mis en évidence que les taux d'amélioration de l'efficacité énergétique varient selon les secteurs, les pays et les régions (Charpentier, 2016). Entre 1990 et 2010, le secteur agricole a atteint son taux d'amélioration le plus élevé - soit 2.2 % par an - alors que dans l'industrie et dans les autres secteurs de l'économie le rythme d'amélioration de l'intensité énergétique n'a été que de 1.4 % par an. Depuis le milieu des années 80, l'intensité énergétique a diminué dans les pays à PIB élevé, grâce à la mise en œuvre de pratiques efficaces d'un point de vue énergétique, qui ont permis une augmentation ininterrompue des rendements des cultures. Bien que l'intensité énergétique moyenne de l'agriculture dans les pays à faible PIB soit généralement plus basse que dans les pays à PIB élevé, ces dernières années, une utilisation d'engrais et une mécanisation accrues en République populaire de Chine (ci-dessous « Chine ») et en Inde, en particulier, ont abouti à des degrés croissants d'intensité énergétique. Compte tenu de ces deux tendances opposées, il en a été conclu que l'intensité énergétique totale à l'échelle mondiale a commencé à baisser légèrement après les années 80, bien que la tendance ait été très variable selon les pays.

Graphique 2.1. De 2 à 3 % de l'énergie totale est consommée au sein de l'exploitation

Part de l'agriculture dans la consommation totale d'énergie, 2011-13 (%)

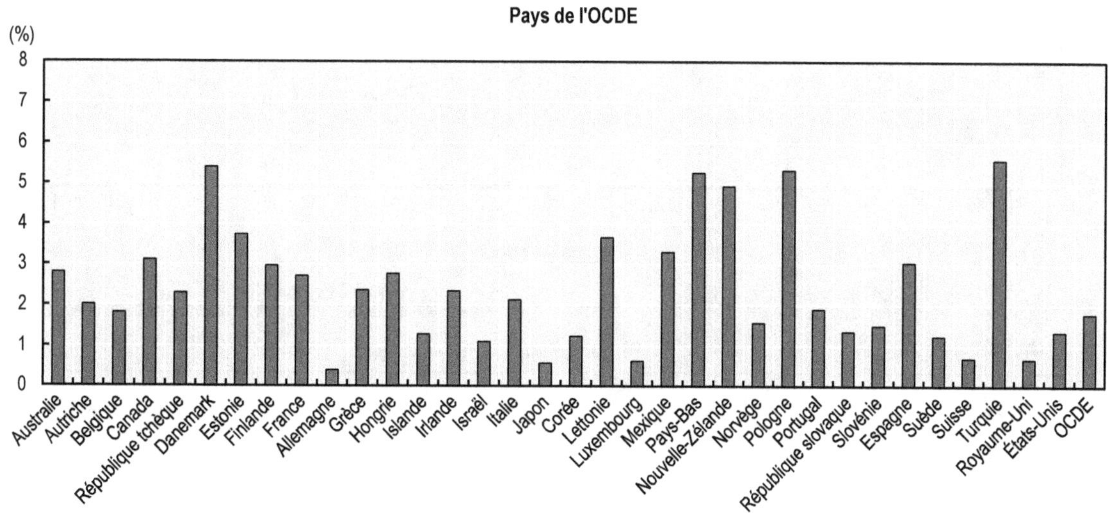

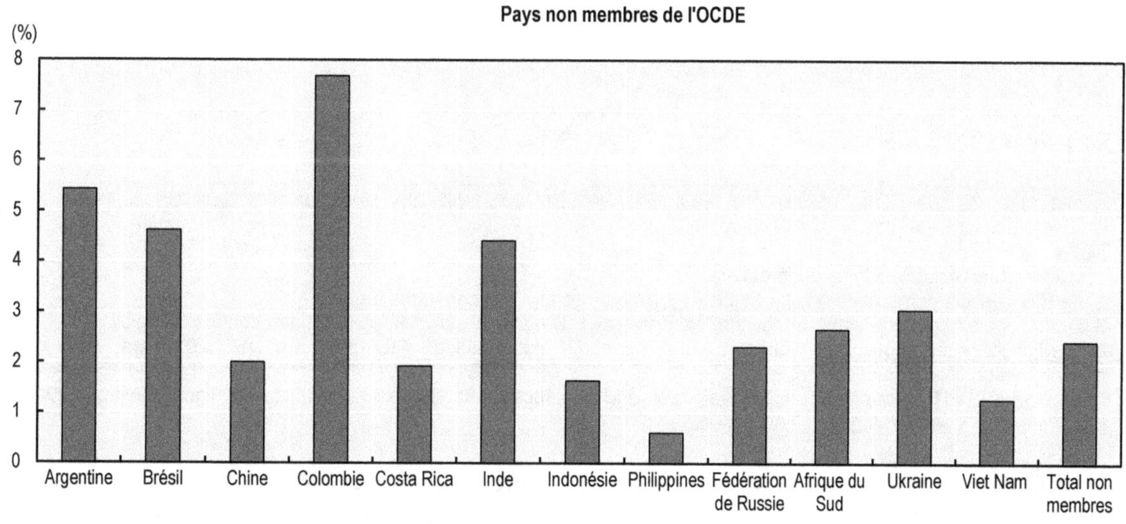

Notes :

1. L'agriculture inclut l'exploitation forestière.
2. Pas de données disponibles pour le Chili.

Source : AIE (2016), *World Energy Statistics and Balances*, Service de données en ligne, édition 2016 http://dotstat.oecd.org/?lang=e.

Graphique 2.2. L'efficacité de la consommation directe d'énergie de l'agriculture s'améliore

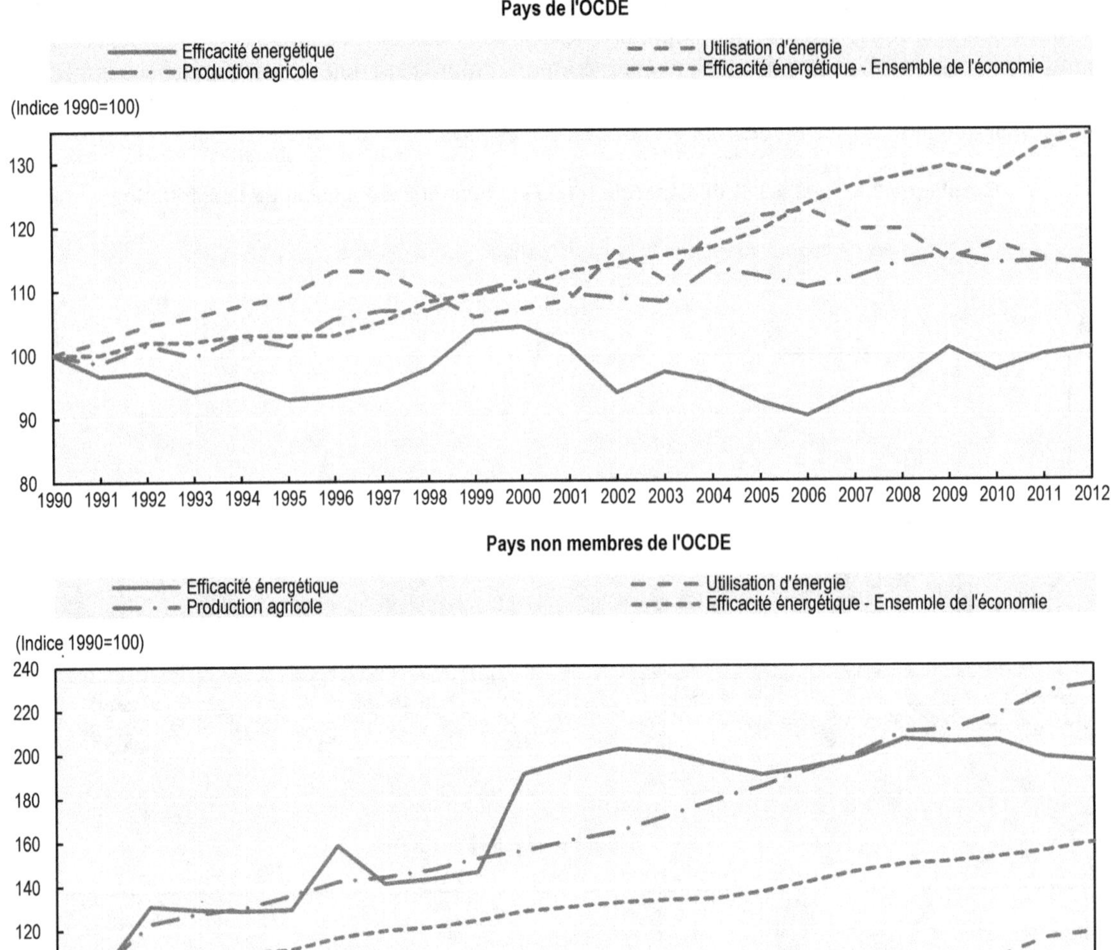

Notes :

1. L'agriculture inclut l'exploitation forestière.
2. Le PIB agricole correspond à la production agricole brute en USD constants de 2004-06.
3. L'efficacité énergétique dans l'agriculture est égale au PIB agricole par unité d'utilisation directe d'énergie.
4. L'efficacité énergétique pour l'ensemble de l'économie est égale au PIB (basé sur USD 2010) par unité de consommation finale totale d'énergie.

Source : AIE (2016), *World Energy Statistics and Balances,* Service de données en ligne, édition 2016 http://dotstat.oecd.org/?lang=en ; FAOSTAT.

Aux États-Unis, l'utilisation d'énergie par l'agriculture a culminé en 1978. Toutefois, la hausse rapide des prix de l'énergie provoquée par les chocs pétroliers du début des années 80 a contraint les agriculteurs à accroître leur efficacité énergétique. Depuis 1978, la consommation totale d'énergie du secteur agricole a eu tendance à diminuer. Malgré cette baisse, la production agricole a augmenté depuis la fin des années 70. L'efficacité énergétique, mesurée à l'aide du ratio entre l'utilisation d'énergie et la production agricole, s'est améliorée d'environ 50 % depuis 1978.

Du fait de la diversité des systèmes de production des pays de l'OCDE, rares sont les comparaisons globales de l'utilisation totale d'énergie et de l'efficacité énergétique des secteurs agricoles des différents pays de la zone OCDE. Dans l'Union européenne, les produits de l'élevage et les produits laitiers (à l'exception du lait) incorporent une quantité non négligeable d'énergie, tandis que les légumes et le pain présentent une moindre intensité énergétique par kilo de produit (Monforti-Ferrario et al., 2015).

Aux Pays-Bas, l'horticulture sous serre représente environ les quatre cinquièmes de la consommation totale d'énergie du secteur agroalimentaire (NL Agency, 2012). En 2011, ce secteur avait réduit la quantité d'énergie consommée par unité de production de 52 % par rapport à 1990 (OCDE, 2016b). Il a pour ce faire en partie eu recours à des installations de production combinée de chaleur et d'électricité qui ont permis à la fois de réduire l'utilisation d'énergie par unité de production et de tirer des revenus de la vente d'électricité. L'action gouvernementale a aussi contribué à la réussite de la transition vers des modes de consommation énergétique plus efficients dans le secteur des cultures sous serre. Le ministère travaille avec le secteur horticole sous serre dans un programme sur l'innovation et a fourni par le passé des fonds de démarrage pour favoriser le développement énergétique, et il a réduit le taux d'imposition applicable au secteur au titre de la consommation de gaz, comme il l'a également fait pour d'autres secteurs à forte intensité d'énergie. En échange, le secteur du CO_2 est réglementé par la loi, qui fixe un maximum d'émissions de CO_2. L'accord de transition énergétique de 2014-20 entre le secteur des cultures sous serre et le ministère des Affaires économiques est centré sur la réduction totale des émissions de CO_2 en encourageant les économies d'énergie et l'utilisation d'énergie renouvelable. Il a pour ambition un secteur des cultures sous serre neutre vis-à-vis du climat en 2050. Le ministère et le secteur des cultures sous serre fournissent chacun 50 % du financement des activités de recherche sur les économies d'énergie et l'énergie géothermique. Les émissions de CO_2 ont diminué de 30 % au cours de la période 2010-15.

Au Royaume-Uni, les principaux secteurs consommateurs d'énergie mentionnés par le ministère de l'Environnement, de l'Alimentation et des Affaires rurales (DEFRA, 2008) étaient les suivants : les grandes cultures, y compris la pomme de terre et la betterave sucrière (43 %) ; l'horticulture sous abri, y compris la culture des champignons (28 %) ; la production de bovins à viande et d'ovins (14 %) ; et la production d'œufs et de viande de volaille (8 %). Le secteur laitier, l'horticulture de plein champ et la production porcine représentaient chacun moins de 3 % de l'ensemble. Le gaz naturel et le gazole constituent les principales sources d'énergie dans les secteurs de l'horticulture sous abri et de la production de bovins à viande et d'ovins, respectivement.

La consommation d'énergie et l'efficacité énergétique sont également variables en Suisse, selon le type d'exploitation (OFAG, 2015). En 2013, la consommation d'énergie du secteur agricole s'élevait à environ 53 900 térajoules (TJ), dont environ 30 % faisaient l'objet d'une consommation directe. La plus grande partie de la consommation d'énergie est liée aux infrastructures telles que les bâtiments et les machines agricoles. Les carburants de transport comptent pour la plus grande part de la consommation directe d'énergie (environ 39 %), suivis par les autres combustibles (mazout et gaz) (33 %). Pour finir, l'électricité représente 22 % de la consommation directe d'énergie et les énergies renouvelables 6 %. Le chauffage des serres agricoles exige beaucoup plus d'énergie (3 900 TJ), sous forme de pétrole et de gaz, que le chauffage des étables (1 500 TJ).

En 2013, la consommation totale d'énergie de l'agriculture suisse avait augmenté de 6 % par rapport à 1990. Après une légère baisse initiale, elle a enregistré une progression ininterrompue entre 1999 et 2007, avant de demeurer plus ou moins stable depuis. La consommation directe totale d'énergie n'a guère évolué au cours de cette période. La consommation d'électricité et de carburant a connu une légère augmentation, mais elle a été compensée par une baisse équivalente de la consommation de fioul et de gaz. Aussi l'évolution de la consommation d'énergie totale est-elle principalement due aux variations de la consommation indirecte. Il s'agit notamment de la diminution de l'utilisation d'engrais minéraux au cours des années 90. Par ailleurs, depuis la fin de cette même période, les importations d'aliments pour animaux se sont accrues, aboutissant à une augmentation de l'énergie grise. L'efficacité énergétique est demeurée stable depuis 1990, et elle a été plus élevée pour les productions végétales que pour les productions animales.

Pour déterminer quel est le meilleur moyen d'en réduire la consommation, il est essentiel de comprendre comment les différentes sources d'énergie sont utilisées dans la chaine agroalimentaire. La quantité et le type d'énergie utilisée dans les activités agricoles ont également des répercussions sur les émissions globales de CO_2, et en règle générale les niveaux de CO_2 augmentent à mesure que l'utilisation d'énergie du secteur agricole s'accroît[2]. L'agriculture est très dépendante des énergies d'origine fossile, qui lui sont nécessaires à tous les stades du processus de production, tant sous une forme directe pour les machines agricoles, l'irrigation et la récolte, que sous une forme indirecte pour les opérations post-récolte, telles que la transformation, le stockage et le transport des produits agricoles jusqu'aux marchés.

Au fil du temps, le type d'énergie employé par le secteur agricole au sein de la zone de l'OCDE a évolué, l'utilisation directe de combustibles fossiles et de charbon enregistrant un recul au profit de l'électricité et des énergies renouvelables (biocarburants et énergie produite à partir des déchets) (tableau A.2.2). En moyenne, au cours de la période 2011-13, 68 % de l'énergie directe consommée par le secteur agricole au sein de la zone de l'OCDE étaient issus de combustibles fossiles ; 16 % de l'électricité ; 9 % du gaz naturel et 4 % des sources d'énergie renouvelables (graphique 2.3)[3].

Graphique 2.3. Les combustibles fossiles constituent la principale source de consommation directe d'énergie au sein de l'exploitation dans la zone de l'OCDE

(2011-13, %)

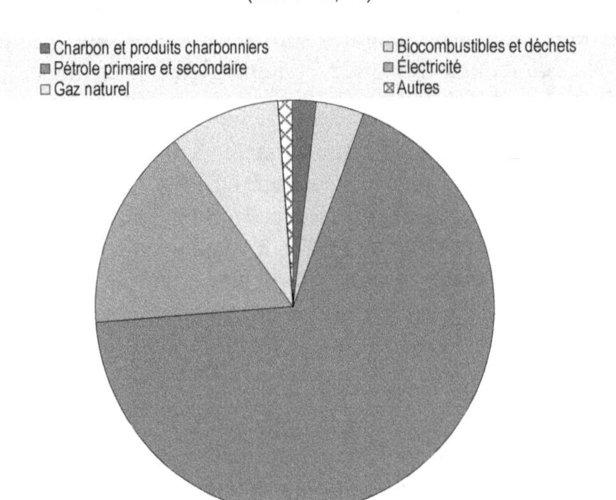

Notes :
1. 1990 = 100.
2. L'agriculture inclut l'exploitation forestière.
3. Le pétrole « primaire et secondaire » inclut les produits pétroliers bruts et raffinés.

Source : AIE (2016), *World Energy Statistics and Balances,* Service de données en ligne, édition 2016 http://dotstat.oecd.org/?lang=en

Différents types d'énergie sont souvent nécessaires aux différentes activités de production alimentaire

L'utilisation d'énergie de l'agriculture varie selon les exploitations en fonction du type de culture ou d'élevage, de la taille de l'exploitation et de sa situation géographique. L'utilisation d'énergie est également variable dans le temps, en fonction des conditions météorologiques, des fluctuations des prix de l'énergie, ainsi que des variations de la production annuelle totale de végétaux et d'animaux.

L'énergie directe, constituée pour l'essentiel de produits pétroliers raffinés, est utilisée dans les exploitations pour les activités de plantation et de récolte, aussi bien que pour l'application et le transport des engrais et des pesticides. Il y est également fait appel pour la préparation des terres, le travail des sols, le stockage des récoltes et les activités préalables à la transformation (telles que le séchage).

L'utilisation de combustible pour l'exploitation des champs, l'irrigation, le séchage et le stockage des cultures sont les principales activités consommatrices d'énergie directe dans les systèmes de production de grandes cultures. Les exploitations laitières ont besoin de carburant pour réfrigérer le lait, faire fonctionner les systèmes de traite et s'approvisionner en eau chaude sanitaire. Le gaz naturel est généralement utilisé pour la régulation de la température dans les serres, et les exploitations laitières ont largement recours à l'électricité pour leurs systèmes de traite.

En règle générale, la consommation directe d'énergie de l'horticulture sous serre et de l'élevage intensif - comme, dans une moindre mesure, celle des exploitations laitières – est principalement liée aux équipements fixes de chauffage et d'éclairage. Par contre, l'énergie utilisée par le secteur des grandes cultures est pour une large part destinée aux équipements de terrain - carburant pour les machines agricoles mobiles (telles que les tracteurs), les véhicules autopropulsés pour l'application de produits chimiques, ou les arracheuses de pommes de terre, par exemple. Cependant, certaines cultures exigent l'utilisation d'équipements fixes. Par exemple, les céréales et les oléagineux peuvent nécessiter de grandes quantités d'énergie pour le séchage, le stockage et la manutention (tableau A.2.3).

Les données empiriques sur l'utilisation indirecte d'énergie et sur son efficacité demeurent limitées

Les estimations disponibles de la consommation directe d'énergie ne donnent qu'une idée partielle de la quantité réelle d'énergie consommée, car plusieurs intrants ne sont pas totalement pris en compte dans les statistiques énergétiques du secteur agricole. La prise en compte des intrants et des extrants du secteur agricole, et non plus de sa seule utilisation directe d'énergie, donne une image plus complète de la consommation réelle et des possibilités d'économies d'énergie. La production des intrants agricoles peut consommer de grandes quantités d'énergie, en particulier dans le cas des engrais et des pesticides.

En règle général, la consommation indirecte d'énergie est sensiblement plus élevée que la consommation directe d'énergie dans les systèmes d'agriculture intensive, du fait principalement de l'utilisation d'engrais et de pesticides (Monforti-Ferrario et al., 2015 ; Pelletier et al., 2011 ; DEFRA, 2008). À titre d'exemple, le ministère britannique de l'Environnement, de l'Alimentation et des Affaires rurales a estimé qu'au Royaume-Uni, au cours de la période 2003-07, la consommation indirecte d'énergie du secteur agricole a été 2.5 fois plus élevée que sa consommation directe (DEFRA, 2008)[4]. En Suisse, l'utilisation indirecte d'énergie représente près de 70 % de la consommation totale d'énergie dans l'agriculture (OFAG, 2015). Par contre, l'étude de Beckman, Borchers et Jones (2013) indique que, dans le cas des États-Unis, l'utilisation indirecte d'énergie au cours de la période 2001-11 est plus importante que l'utilisation directe d'énergie par le montant des dépenses, mais qu'elle lui est inférieure par le nombre d'unités physiques d'énergie consommées[5]. L'explication tient en grande partie au fait que les apports directs d'énergie ont une teneur unitaire en énergie (par gallon, par litre ou par kilo) plus élevée que les sources indirectes d'énergie.

L'utilisation d'engrais est un exemple de forte utilisation indirecte d'énergie. Dans le cas des grandes cultures, par exemple, l'azote est souvent l'intrant donnant lieu à la plus importante consommation d'énergie. L'épandage des engrais minéraux exige de l'énergie, mais l'industrie des engrais est également énergivore. Aux États-Unis, par exemple, les engrais inorganiques comptaient en 2011 pour un peu plus de la moitié de l'utilisation indirecte d'énergie des exploitations du pays, tandis que les pesticides en représentaient légèrement moins de la moitié (Beckman, Borchers et Jones, 2013)[6].

Aux États-Unis, l'agriculture compte pour un cinquième de l'énergie utilisée par le système alimentaire du pays. D'après les estimations, la production alimentaire agricole contribue pour plus d'un cinquième (22 %) à la consommation totale d'énergie du système alimentaire des États-Unis, eu égard à l'énergie nécessaire à la production des engrais chimiques et des pesticides, ainsi qu'à la consommation de combustibles fossiles dans le cadre des activités agricoles (Canning et al., 2010 ; Heller et Keoleian, 2000). De plus, aux États-Unis, la plupart des tracteurs fonctionnent à l'essence ou au diesel. Aussi les améliorations de l'efficacité énergétique pourraient-elles contribuer à réduire la dépendance de l'agriculture à l'égard du pétrole.

Pour ce qui est de l'Union européenne, la vaste étude de Gołaszewski et al. (2012) – qui fait appel à une approche similaire à celle de l'ACV – fournit des résultats pour sept des pays membres de l'UE (Allemagne,

Danemark, Finlande, Grèce, Pays-Bas, Pologne et Portugal) et pour les secteurs suivants : grandes cultures (blé, betterave sucrière, pomme de terre, coton et tournesol) ; production en serre de tomates, de concombres et de poivrons ; cultures pérennes (vignes et oliviers) ; et élevage (de vaches laitières, de porcs et de poulets de chair). Les principales conclusions en sont les suivantes :

- L'efficacité d'utilisation de l'énergie dans le cadre de la production agricole diffère selon les pays et les localités. La consommation d'énergie est variable selon les cultures et les pays considérés, du fait de la diversité des pratiques culturales, de l'utilisation de différents types de machines agricoles, de la variabilité des rendements et des différences de climat.

- Dans le cas des grandes cultures, les apports d'énergie prennent principalement la forme d'engrais et de diesel. Les apports d'énergie pour l'irrigation, le séchage et/ou le stockage des cultures sont souvent importants, mais tout dépend de la situation géographique, du climat et du degré d'intensité des systèmes de production.

- La production de légumes sous serre dans les pays du centre et du nord de l'UE se caractérise par de très gros apports d'énergie directe, et elle présente des différences considérables avec les systèmes de production des pays du sud de l'Europe. En effet, dans ceux-ci, les cultures ne nécessitent que peu d'apports d'énergie, voire aucun, lorsqu'elles sont produites en pleine terre ; seuls les systèmes hydroponiques exigent des apports d'énergie plus importants.

- La production d'olives implique une plus grande consommation d'énergie dans les pays du sud-ouest de l'UE que dans ceux du sud-est.

- Dans le cas de l'élevage, l'apport d'énergie est principalement lié aux aliments pour animaux, bien que l'importance de cet apport indirect soit variable selon les pays et les secteurs. L'élevage laitier est le sous-secteur qui consomme le plus d'énergie, suivi par l'élevage de porcs et de poulets de chair. Dans l'élevage laitier et celui de poulets de chair, l'énergie incorporée dans les aliments pour animaux est variable selon le pays considéré, alors que dans le cas de l'élevage de porcs, elle est similaire, bien que l'apport total d'énergie diffère en fonction du volume des apports directs.

- Dans les six pays de l'UE étudiés, les sous-secteurs qui consomment le plus d'énergie sont l'élevage de vaches laitières, la production de blé, et l'élevage de porcs. Les sous-secteurs plus gros consommateurs d'énergie se trouvent concentrés dans différents pays : aux Pays-Bas – vaches laitières, porcs, et production de poivrons et de tomates ; en Pologne – vaches laitières, blé, porcs et production de pommes de terre ; en Finlande – vaches laitières et porcs ; en Grèce - blé et coton ; et au Portugal – vaches laitières, oliveraies et poulets de chair.

Responsabiliser l'agriculture : options d'amélioration de l'efficacité énergétique

Possibilités et contraintes liées aux mesures d'amélioration de l'efficacité énergétique dans l'agriculture

Les besoins énergétiques sont extrêmement variables selon les systèmes de production, tout comme le nombre d'options qui pourraient être mises en œuvre pour réduire l'utilisation d'énergie et accroître l'efficacité énergétique. Celles-ci reposent pour l'essentiel sur le progrès technique, la substitution des intrants agricoles et l'évolution de la demande de produits agricoles (Schneider et Smith, 2009).

Le *progrès technique* peut être un moyen d'améliorer l'efficacité énergétique des principaux intrants. Les principales stratégies en la matière pourraient notamment s'appuyer sur : des machines plus efficaces ; une meilleure gestion des produits agrochimiques (culture de précision et gestion des éléments nutritifs, des pesticides et de l'eau spécifiquement adaptée au site considéré, ou encore alimentation des animaux commandée par ordinateur) ; des systèmes d'irrigation plus performants ; une amélioration génétique des végétaux et des animaux ; une isolation plus performante ; des sources de lumière efficaces ; et des appareils de chauffage offrant un rendement plus élevé. Des stratégies faisant appel aux bioénergies et aux biomatériaux peuvent également être mises en œuvre. Par exemple, un large éventail de cultures spécifiquement destinées à la production d'énergie, les résidus végétaux, le fumier et les sous-produits de la transformation des produits agricoles pourraient être convertis en énergie ou en matériaux industriels (transformation de la cellulose en biocombustibles ; création de variétés améliorées pour la production de biopolymères et d'huiles industrielles), réduisant ainsi la consommation d'énergies fossiles et la dépendance à leur égard.

Des économies d'énergie et des améliorations de l'efficacité énergétique au sein même de l'exploitation peuvent également être réalisées à l'aide des technologies existantes grâce à une *substitution des intrants*[7]. Les substitutions d'intrants sont dictées par les conditions économiques – principalement par le coût de l'énergie. Si le prix relatif de l'énergie augmente, il s'ensuivra une diminution de l'intensité énergétique globale à volume de production constant. Les effets de substitution qui en résultent peuvent toutefois être complexes dans la mesure où presque tous les intrants agricoles contiennent une quantité plus ou moins élevée d'énergie.

À court terme, les possibilités de substitution des intrants impliquent : une évolution des techniques d'irrigation ; un abandon des pratiques classiques de travail du sol au profit des systèmes sans travail du sol ou avec un travail réduit du sol ; une réduction des taux d'application d'engrais ; une amélioration de la gestion des éléments nutritifs de manière à réduire les déperditions ; une diminution du recours aux produits phytosanitaires et du taux de mécanisation ; une mise au rebut anticipée des machines grosses consommatrices d'énergie ; le passage à des cultures nécessitant une moindre quantité d'engrais et autres intrants incorporant de l'énergie ; la culture de graminées dans le cadre de la rotation des cultures ou en tant que culture de couverture ou dérobée ; la production de biogaz au sein des exploitations à partir de résidus végétaux ou de fumier ; et le recours à de nouvelles méthodes d'élevage des animaux du point de vue de leur alimentation, des bâtiments destinés à les accueillir, et de la gestion du fumier. À long terme, les agriculteurs ont une plus grande latitude pour réduire leur utilisation d'énergie grâce à l'acquisition d'équipements moins énergivores et à d'autres modifications de leurs activités agricoles.

Encadré 2.1. Les options d'amélioration de l'efficacité énergétique peuvent varier selon les pays – l'exemple des serres

Les systèmes de production en serre utilisent une quantité non négligeable d'énergie, et offrent de ce fait un grand potentiel d'amélioration de l'efficacité énergétique. Ces mesures d'économie d'énergie prennent principalement la forme d'une plus grande isolation et d'un recours accru aux systèmes de récupération de chaleur, qui présentent des avantages économiques et environnementaux. Cependant, en règle générale, d'importants investissements sont nécessaires pour mettre en place les systèmes de production en serre les plus performants. De plus, dans la plupart des cas, les innovations permettant d'économiser l'énergie ne peuvent pas être mises en œuvre sans tenir soigneusement compte des facteurs locaux.

Par exemple, la production en serre dans les pays du centre et du nord de l'UE se caractérise par un apport direct d'énergie d'une grande intensité du fait de l'importante consommation directe d'énergie nécessaire pour le chauffage. Aux Pays-Bas, par exemple, le meilleur moyen d'améliorer l'efficacité énergétique des serres et leur impact sur l'environnement consisterait à diminuer les besoins de chauffage du bâtiment. Dans le sud de l'Europe, où le besoin de chauffage est généralement bien moindre, des mesures telles qu'une amélioration de la gestion de l'eau et des éléments nutritifs seraient beaucoup plus efficaces.

Des recherches réalisées aux Pays-Bas montrent que la conception optimale des serres - en termes d'investissement et de consommation d'énergie - doit tenir compte des conditions locales, tant sur le plan climatique que sous l'angle du marché. Dans le cas des serres non chauffées, ces facteurs sont encore plus importants. Les constructeurs de serres doivent donc investir dans des méthodes de conception et des logiciels de modélisation des performances énergétiques des serres.

Source : Golaszewski et al. (2012), *State of the art on energy efficiency in agriculture – Country data on energy consumption in different agro-production sectors in the European countries*, www.agree.aua.gr/Files/Agree_State.pdf.

Les *variations de la demande* de produits agricoles ont une incidence sur le volume total de production, et par voie de conséquence sur la consommation totale d'énergie du système alimentaire. La demande est fonction des prix du marché, des politiques en vigueur et des préférences des consommateurs. Ces variables déterminantes peuvent encourager une évolution des régimes alimentaires de la population favorisant les aliments dont la production exige moins d'énergie, ainsi qu'une demande accrue d'énergies et de produits renouvelables. Les variations des prix relatifs de l'énergie constituent le principal déterminant de la demande (Canning et al., 2017). Une hausse des prix de l'énergie accroît l'écart entre les produits énergivores et ceux sobres en énergie, et elle favorise donc la consommation de ces derniers.

La réaction des producteurs aux variations des prix de l'énergie est principalement fonction de leurs anticipations, selon qu'ils pensent que le changement de prix n'est que provisoire ou qu'il sera définitif. Si les producteurs ont le sentiment que le changement de prix de l'énergie est provisoire (limité par exemple à la durée de la campagne culturale en cours), leur réponse peut se borner à quelques efforts d'ampleur restreinte pour réduire leur consommation d'énergie, grâce par exemple à l'adoption de méthodes de culture sobres en énergie (sans travail du sol ou avec un travail réduit du sol, par exemple), ou à l'application de moindres quantités d'engrais et de pesticides par hectare. Cependant, la capacité des producteurs à procéder à ces ajustements est considérablement réduite une fois que les semis ont été effectués et que la stratégie de production est en place. Aussi les variations inattendues des prix au cours de la campagne culturale risquent-elles d'avoir des répercussions inévitables mais d'une durée limitée sur les revenus agricoles. Si par contre la modification des prix de l'énergie leur paraît définitive, les producteurs ont une plus grande probabilité de prendre des mesures de plus grande portée, telles qu'un ajustement de leur éventail d'activités ou de leurs pratiques de production pour tenir compte de la nouvelle structure des revenus et des coûts.

Des études économiques se sont efforcées de mesurer quelle est, d'une année sur l'autre, la sensibilité des agriculteurs aux variations des prix. Dans l'ensemble, ces études suggèrent qu'une hausse de 10 % des prix des combustibles entraîne une baisse d'environ 6 % de leur consommation (Sands et al., 2011; Schnepf, 2004). L'utilisation d'engrais et de pesticides présente également une corrélation négative avec leurs variations de prix. Une hausse des prix de 10 % des prix induit une diminution de 7 % de l'utilisation d'engrais et une baisse de 5 % de celle de pesticides.

Encadré 2.2. Des économies d'énergie non négligeables dans le secteur agricole des États-Unis

- À l'échelle nationale, les éleveurs pourraient économiser jusqu'à 250 millions USD par an en assurant un entretien régulier de leurs systèmes de ventilation et de chauffage et en ayant recours à des installations et équipements plus sobres en énergie dans les bâtiments destinés à abriter les animaux.
- Une conversion des systèmes d'irrigation moyenne ou haute pression de sorte qu'ils fonctionnent à basse pression pourrait réduire la facture énergétique d'environ 100 millions USD par an.
- Une amélioration ne serait-ce que de 10 % de l'efficacité d'utilisation de l'eau pourrait réduire de 102 millions de litres la consommation de gazole et permettre aux agriculteurs et aux exploitants de ranchs d'économiser 55 millions USD par an.
- Une multiplication par deux des superficies cultivées sans travail du sol (pour les faire passer de 25 millions d'hectares à 50 millions d'hectares) pourrait permettre aux agriculteurs et aux exploitants de ranchs de réduire leur consommation de 821 millions de litres supplémentaires de gazole par an, soit une économie estimée à 500 millions USD par an.
- Un doublement de l'application d'azote issue du fumier à la place d'engrais produits à partir de gaz naturel pourrait permettre d'économiser 825 millions USD et 2 831 milliards de litres de gaz naturel par an.
- Une réduction des applications répétées sur 101 millions d'hectares de terres cultivées pourrait permettre d'économiser jusqu'à 825 millions USD par an sur le coût des engrais et des pesticides, avec les répercussions correspondantes sur l'utilisation d'énergie.

Source : Farm energy efficiency, www.nrcs.usda.gov/wps/portal/nrcs/main/national/energy/.

Des données empiriques en provenance des États-Unis montrent que les agriculteurs se sont adaptés à la hausse des prix de l'énergie et des engrais au cours de la période 2001-12 en se tournant vers des pratiques de production plus sobres en énergie (Beckman, Borchers et Jones, 2013 ; Harris et al., 2008). La diminution de l'utilisation d'énergie a été obtenue par des mesures telles qu'une utilisation moins intensive des machines et un entretien plus fréquent des moteurs, tandis que la baisse de la consommation d'engrais a été assurée grâce à un plus large recours à l'analyse du sol, à des modifications des populations végétales et à l'adoption de méthodes d'application « localisée ». Les agriculteurs pour lesquels les coûts de l'énergie et des engrais étaient les plus élevés et dont les revenus nets étaient les plus bas ont été les plus enclins à mettre en œuvre des mesures de réduction de l'utilisation d'intrants, ce qui donne à penser que lorsque les variations des coûts des intrants acquièrent une importance cruciale pour la rentabilité de l'exploitation, les agriculteurs prennent grand soin de s'y ajuster.

Amélioration de l'efficacité énergétique de la production d'engrais

La plus grande partie de l'utilisation d'énergie liée aux engrais n'est pas directe et n'intervient pas au sein de l'exploitation : de nature essentiellement indirecte, elle a lieu au cours de leur production, de leur emballage et de leur transport jusqu'au site (Gellings et Parmenter, 2004). Parmi les autres intrants énergivores figurent les aliments pour animaux (pour une large part en raison des besoins en énergie du processus de palettisation), les semences hybrides et l'eau.

Le processus Haber-Bosch a permis une production efficace d'ammoniac mais il est gros consommateur d'énergie et entraîne une empreinte carbone importante

L'insuffisance de l'azote disponible pour le prélèvement par les plantes a toujours été au centre des préoccupations dans les systèmes agricoles. Le processus Haber-Bosch qui est maintenant utilisé pour produire des engrais azotés permet de transformer le gaz atmosphérique azote en ammoniac sous hautes pression et température en utilisant le gaz naturel (ou le charbon) comme source d'hydrogène et d'énergie. L'ammoniac peut aussi être produit sans combustibles fossiles, auquel cas, l'hydrogène est obtenu à partir d'eau par électrolyse. Le processus n'est toutefois pas largement utilisé du fait de ses besoins très importants en électricité qui le rendent très onéreux, mais il pourrait se développer dans les décennies à venir. L'impact important du processus Haber-Bosch sur l'augmentation de la productivité de l'agriculture et de la production alimentaire mondiale au cours du siècle dernier est bien reconnu. Actuellement, on estime que 48 % de la population mondiale est nourrie par ce processus (Erisman et al., 2008). La découverte du processus Haber-Bosch en 1913 a constitué un important bond en avant, cependant le processus est gros consommateur d'énergie et libère de grandes quantités de GES. Au niveau mondial, la production d'engrais ammoniacal représente presque 1.2 % de la consommation finale totale d'énergie et contribue à peu près à 1 % des GES. La production de 1 tonne d'ammoniac libère environ 1.5 tonnes de CO_2. La décarbonisation de la production d'engrais ammoniacal pourrait être obtenue en augmentant le recours aux processus électrochimiques et aux sources d'énergie renouvelables, et en réduisant l'utilisation d'engrais ammoniacal, les rendements étant maintenus grâce à l'amélioration de la gestion et des pratiques agricoles.

À l'échelle mondiale, la production d'engrais compte pour environ 1.2 % de la consommation annuelle totale d'énergie de la planète (IFA, 2016). Le gaz naturel est utilisé en tant que source d'énergie, mais aussi comme matière première pour la production d'engrais. De fait, la plus grande partie de la consommation d'énergie liée aux engrais est due à l'utilisation du gaz naturel comme matière première pour l'obtention d'ammoniac en vue de la production d'engrais azotés. La production d'ammoniac est un processus particulièrement gourmand en énergie, puisqu'il exige un volume approximatif de 1 090 à 1 250 m^3 de gaz naturel pour produire 1 tonne métrique d'ammoniac anhydre. Le gaz naturel est également utilisé en tant que combustible pour générer la chaleur nécessaire à la production d'autres types d'engrais.

La production d'ammoniac compte pour l'essentiel (environ 90 %) de la consommation totale d'énergie de l'industrie des engrais. La tendance demeure à un recours croissant au gaz naturel et au charbon en tant que matières premières pour la production d'ammoniac. En 2016, le gaz naturel contribuait pour 70 % à la production totale d'ammoniac, contre 27 % pour le charbon, et 3 % pour les autres matières premières (naphte, fioul et résidus lourds, gaz résiduels et condensats de raffinage, coke de pétrole, hydrogène produit par électrolyse de l'eau).

L'efficacité énergétique connaît une amélioration ininterrompue depuis le milieu des années 2000 (IFA, 2015)[8]. Outre certaines des mesures transversales mentionnées au chapitre 4, les fabricants d'engrais sont, semble-t-il, en train de prendre un certain nombre d'initiatives pour accroître l'efficacité énergétique des procédés et des matières premières utilisés pour la production d'engrais. Une plus grande efficacité des chaudières, la réduction des pertes de vapeur et la récupération de chaleur peuvent par exemple aboutir à d'importantes économies d'énergie et à une amélioration de la production. De fait, une partie de la baisse globale de l'utilisation indirecte d'énergie observée dans le secteur agricole des États-Unis entre 2001 et 2011 est attribuée à l'amélioration par les fabricants d'engrais de leur efficacité d'utilisation du gaz naturel en tant que matière première et source d'énergie pour la production d'engrais (Beckman, Borchers et Jones, 2013).

Économies d'énergie dans la production d'engrais

En 2006, une grande société agroalimentaire des États-Unis, J.R. Simplot, a investi environ 180 000 USD dans des mesures visant à réduire l'énergie utilisée par le système de génération de vapeur de son usine de production d'engrais de l'Idaho. Le fonctionnement de sa chaudière a été optimisé grâce à la réduction des rejets de vapeur dans l'atmosphère, à une meilleure récupération des condensats, et à la réparation des purgeurs et des fuites de vapeur. L'usine a ainsi obtenu des économies d'énergie de plus de 75 000 MBtu (millions de BTU), une réduction de plus de 11.4 millions de litres de sa consommation annuelle d'eau et une baisse de 335 000 USD de ses coûts annuels totaux, et a bénéficié d'économies d'énergie supérieures aux coûts de l'installation, ce qui a permis de l'amortir en approximativement 6.5 mois (USDA, 2008).

Une utilisation plus ciblée des produits agrochimiques et du fumier par les agriculteurs

Compte tenu des grandes quantités d'énergie utilisées en tant que matière primaire pour la production des engrais, l'optimisation de leur application par les agriculteurs constitue l'un des principaux moyens de réduire la consommation d'énergie dans la chaine agroalimentaire. Bien que des apports d'engrais soient souvent nécessaires pour accroître la production végétale, diverses études ont démontré que les agriculteurs procèdent souvent à une application excessive dénuée d'utilité. Les agriculteurs ont la possibilité de prendre des mesures offrant un « triple avantage » sous la forme d'une amélioration de l'efficacité énergétique, d'une baisse des coûts et d'une réduction des émissions (par exemple en procédant aux apports aux périodes où les végétaux en ont le plus besoin pour leur croissance, et en assurant un meilleur recyclage de l'azote, tout en tirant parti du fumier.

Outre les gains d'efficacité énergétique entraînés par une utilisation optimale des engrais et des autres intrants à fort contenu énergétique, tels que les pesticides, une meilleure gestion des engrais - et, bien entendu, des pesticides et du fumier - offre également d'importants avantages environnementaux sous la forme d'une réduction de la pollution de l'air et de l'eau. La réduction de la pollution de l'eau, en particulier, produit des avantages supplémentaires en termes d'efficacité énergétique en réduisant le besoin d'un traitement de l'eau, qui consomme de l'énergie. À titre d'illustration, il a été estimé en 2009 que les agriculteurs appliquaient aux États-Unis aux alentours de 20 à 30 % plus d'engrais azotés que ce n'était nécessaire, et qu'une diminution de l'utilisation d'engrais azotés permettrait en outre de réduire de 20 à 30 % la pollution de l'eau en aval (NRDC, 2009).

Les agriculteurs ont envisagé divers moyens de renforcer l'efficacité énergétique, dont notamment : la gestion des éléments nutritifs, y compris la plantation d'espèces locales, si possible ; une utilisation efficace de la fixation biologique de l'azote, en cultivant, par exemple, des légumineuses fixant l'azote, comme du trèfle dans les pâturages, ou du lupin en tant qu'engrais vert ; l'épandage généralisé d'engrais en nappe ; certaines rotations des cultures (une culture peu exigeante en azote, telle que le soja, ne nécessitera sans doute que peu d'apports d'engrais, voire aucun, si elle succède à une culture de maïs ayant donné lieu à une forte fertilisation, par exemple) ; la réalisation des apports d'engrais aux moments où les cultures peuvent le mieux en tirer profit ; le chaulage ; l'incorporation de fumier immédiatement après l'application (Extension, 2012)[9]; et l'utilisation de compost ou de boues liquides issues de la digestion anaérobie du fumier par exemple. Les boues produites par les digesteurs anaérobies peuvent être avantageusement substituées aux engrais artificiels, dans la mesure où elles permettent une plus grande absorption d'azote par les cultures (NFU, 2010).

Pour finir, les producteurs d'engrais chimiques et de pesticides procèdent actuellement à des investissements massifs dans des programmes de vulgarisation agricole pour diffuser des conseils aux agriculteurs sur la « bonne » utilisation des engrais et des pesticides. Parmi les exemples de programmes de vulgarisation parrainés par l'industrie portant sur l'utilisation des engrais et des pesticides figurent les programmes de gestion des produits et des éléments nutritifs mis en œuvre par les industries correspondantes, tels que le programme de gestion des éléments nutritifs de l'Association internationale de l'industrie des engrais (IFA). Ce programme préconise une bonne utilisation des éléments nutritifs, à la bonne dose, au bon endroit et au bon moment (www.nutrientstewardship.org ; CNW, 2014).

Une simple réduction de l'application d'engrais peut être une autre mesure envisagée pour accroître l'efficacité énergétique, et elle peut jusqu'à un certain point donner de bons résultats (Meyer-Aurich et al., 2012). Au Danemark, les agriculteurs sont tenus d'appliquer les engrais azotés en respectant un taux maximal égal à 90 % de l'optimum économique.

Promotion des pratiques de travail du sol moins intensives en énergie

La réduction du travail du sol est un moyen efficace et bien connu de réduire la consommation d'énergie dans les systèmes de production végétale. Les avantages qui lui sont associés incluent en règle générale une diminution des coûts supportés par l'agriculteur et une réduction des émissions de GES. En outre, un effet potentiel de séquestration du carbone, du fait du stockage des matières organiques du sol grâce à une préparation réduite, peut entraîner une réduction encore plus importante des émissions nettes de GES de l'agriculture (OCDE, 2016a).

Dans les systèmes agricoles pluviaux, l'utilisation de machines - principalement pour la culture des terres et la récolte - constitue en règle générale la deuxième plus importante source de consommation d'énergie. Un moyen de réduire l'utilisation d'énergie par les machines consiste à se passer du travail du sol ou à en limiter l'ampleur. Sans travail du sol, l'utilisation de combustible est invariablement moindre que dans les systèmes de labourage classiques, bien que le degré de réduction de la consommation de combustible soit en grande partie fonction du type de sol, de la profondeur du labourage, ainsi que du nombre et du type de cultures secondaires (OCDE, 2016a). La suppression du travail du sol peut également permettre une réduction des émissions de GES et améliorer la perméabilité à l'eau des sols (Rusus, 2014). Dans certains cas, les méthodes de culture sans travail du sol peuvent réduire de 60 à 70 % la consommation de carburant pour les activités de culture et de 50 % le montant total de l'investissement dans les machines. Elles peuvent également réduire les pertes de carbone du sol (FAO, 2011). Ces réductions des coûts se traduisent en règle générale par une augmentation immédiate des bénéfices lors de l'adoption d'un système de culture sans travail du sol, même lorsque les rendements, par exemple, n'évoluent pas favorablement les premières années.

En outre, les méthodes culturales sans travail du sol permettent aux grandes exploitations de tirer parti des progrès technologiques, tels que la circulation raisonnée et l'agriculture de précision utilisant la géolocalisation (GPS), qui accroissent l'efficacité d'utilisation de l'énergie et des intrants (OCDE, 2016a). Ces gains d'efficacité ont amené certains pays à prendre des mesures telles que le dispositif de compensation des émissions de carbone en vigueur depuis plusieurs années dans l'Alberta (Canada). Ce programme intègre la circulation raisonnée et l'agriculture de précision faisant appel à la géolocalisation.

Le travail réduit du sol présente toutefois un certain nombre d'inconvénients. Le plus important d'entre eux tient à une forte utilisation d'herbicides pour limiter autant que possible le développement des mauvaises herbes, dont la maîtrise aurait été assurée (du moins dans les grandes exploitations) par le labourage et par d'autres méthodes plus intensives de travail du sol. La production des herbicides implique elle-même l'utilisation d'énergie. Il a toutefois été fait valoir que les herbicides utilisés exigent en moyenne moins d'énergie que le travail du sol (Smith et al., 2008). En second lieu, selon les conditions pédologiques et climatiques, le travail réduit du sol peut également entraîner une diminution des rendements des cultures. En outre, un recours accru au paillage - dont la matière première pourrait aussi bien servir de fourrage pour le bétail - a été observé dans certains cas. Le bilan énergétique final dépend des types d'aliments pour animaux concernés par cet effet de substitution.

Les techniques culturales sans travail du sol connaissent certes une rapide expansion dans plusieurs pays, mais elles ne sont pas « entrées dans les mœurs » des agriculteurs ou des responsables publics, en dehors de quelques pays (États-Unis, Canada, Australie, Brésil, Argentine, Paraguay et Uruguay, par exemple), et les surfaces arables cultivées en agriculture de conservation dans le monde demeurent relativement modestes (environ 9 %) (OCDE, 2016a). Les principaux facteurs qui freinent son adoption à plus grande échelle, tels qu'ils ressortent de la littérature, sont notamment : i) une connaissance insuffisante de ces techniques ; ii) les attitudes et les aspirations des agriculteurs ; iii) le manque de machines appropriées ; iv) le manque d'herbicides convenables pouvant faciliter la gestion des adventices ; v) le coût d'opportunité élevé des résidus de récolte pour l'alimentation animale ; vi) le manque de variétés végétales tolérantes aux herbicides pour certaines cultures et sous certains climats ; et vii) des politiques publiques inadaptées (telles que le soutien à des produits de base dans certains pays de l'OCDE).

Un examen plus détaillé des effets de la suppression ou de la réduction du travail du sol sur la productivité et l'efficacité des ressources pourra être trouvé *in* OCDE (2016a), *Pratiques de gestion des exploitations agricoles favorisant la croissance verte* (chapitre 2. « Rôle de la conservation des sols et de l'eau dans la transition vers une croissance verte »).

Utilisation de techniques agricoles de précision

Un autre moyen d'améliorer l'efficacité énergétique de l'agriculture consiste à avoir recours à des technologies de précision pour calculer la quantité optimale d'intrants, ainsi que le meilleur moment et le lieu le plus approprié pour les mettre en œuvre, et à réaliser ce faisant des économies d'engrais et de carburant. L'agriculture de précision est une pratique de gestion relativement nouvelle qui a été rendue possible par les progrès des technologies de l'information et de la télédétection. Il s'agit d'une approche globale de la gestion de l'exploitation visant à optimiser le rendement des intrants, tout en améliorant l'empreinte environnementale de l'agriculture. Les perspectives ouvertes par les différentes technologies sont toutefois variables, et leurs répercussions sur la consommation d'énergie et leurs effets sur l'environnement doivent être examinés au cas par cas.

À l'heure actuelle, les techniques de gestion agricole de précision dépendent presque entièrement du secteur privé, qui assure la fourniture des services, dispositifs et produits nécessaires aux agriculteurs. La participation du secteur public est généralement très limitée, malgré l'attention croissante accordée par les pouvoirs publics au rôle de l'innovation pour maintenir plus durablement la productivité. La mise en place par l'Union européenne d'un groupe de réflexion dans le cadre du Partenariat européen d'innovation « Productivité et développement durable de l'agriculture » offre un exemple d'initiative publique récente visant à « généraliser l'adoption de l'agriculture de précision ». Ce groupe s'intéressera pour commencer à la saisie et au traitement des données, mais il est envisagé d'étendre le processus pour réaliser une évaluation comparative fondée sur des observations factuelles des performances de l'agriculture de précision et une étude de ses impacts.

Les technologies agricoles de précision existantes sont d'une grande diversité, mais les plus couramment adoptées, telles que la géolocalisation, se caractérisent par une forte intensité de savoir. Les données dont on dispose sur les taux d'adoption sont peu nombreuses et souvent datées parce que les pays ne collectent pas régulièrement de données sur l'utilisation de l'agriculture de précision, et parce que les fabricants et fournisseurs d'équipements d'agriculture de précision divulguent rarement des informations sur leurs ventes.

L'adoption des technologies agricoles de précision reste pour l'instant cantonnée à quelques pays et quelques secteurs. Ce sont les producteurs spécialisés en grandes cultures qui exploitent de grands domaines dans les principales régions productrices d'Europe, des États-Unis et d'Australie, et qui ont adopté des modèles d'activité avancés pour une meilleure rentabilité, qui ont le plus recours à l'agriculture de précision. Les lacunes techniques, le manque de connaissances, les coûts élevés au démarrage, auxquels s'ajoutent dans certains cas le risque que la rentabilité de l'investissement soit insuffisante, ainsi que des contraintes structurelles (petite taille de l'exploitation, par exemple) et institutionnelles sont des obstacles majeurs à l'adoption de l'agriculture de précision par les exploitants (OCDE, 2016a).

On trouvera un examen plus détaillé des effets de l'agriculture de précision sur la productivité et l'efficacité d'utilisation des ressources *in* OCDE (2016a), *Pratiques de gestion des exploitations agricoles favorisant la croissance verte* (chapitre 6. « L'agriculture de précision est-elle le début d'une nouvelle révolution ? »).

Examen des possibilités d'économie d'énergie dans l'agriculture biologique

À différents égards, l'utilisation d'énergie - pour transporter les céréales par la route ou pour faire fonctionner les machines lourdes, par exemple - ne présente guère de différences selon que les exploitations sont traditionnelles ou biologiques. Un certain nombre d'études font toutefois valoir que les systèmes biologiques sont en fait plus sobres, en grande partie en raison de l'énergie exigée par la production, le transport et l'application des pesticides et des engrais azotés (OCDE, 2016a). L'agriculture biologique peut également – selon le type de sol - permettre une plus grande conservation de l'eau (et donc une consommation d'énergie réduite) en accroissant la quantité de matières organiques, ce qui ralentit l'écoulement tout en augmentant les rendements des cultures (Pimentel, 2006 ; 2009).

En moyenne, l'agriculture biologique paraît consommer moins d'énergie que l'agriculture conventionnelle, tant par unité de superficie que par unité de production. L'impact de l'agriculture biologique sur l'utilisation d'énergie peut être analysé en prenant pour référence différentes unités fonctionnelles telles que la « superficie », ou le poids de la production agricole.

Smith et al. (2015) ont passé en revue 50 études et sont parvenus à la conclusion que l'efficacité énergétique des systèmes d'agriculture biologique est dans l'ensemble plus élevée que celle de leurs équivalents conventionnels, à quelques grandes exceptions près. Les performances de l'agriculture biologique sont meilleures que celles de l'agriculture conventionnelle pour presque tous les types de cultures dès lors que l'utilisation d'énergie est exprimée par unité de superficie, mais les résultats sont plus variables par unité de production, du fait du rendement inférieur de la plupart des cultures organiques. Dans le cas de l'élevage, les systèmes biologiques de production de ruminants tendent à être plus sobres en énergie du fait de la production de fourrage dans des prairies de trèfles et de graminées. Par contre, la production biologique de volailles tend à être moins performante en termes d'utilisation d'énergie en raison de ratios de conversion alimentaire et de taux de mortalité plus élevés que dans les systèmes conventionnels d'élevage en claustration ou en plein air. Pour ce qui est des sources d'énergie, certaines données indiquent que les exploitations biologiques utilisent davantage d'énergie renouvelable et ont moins d'impact sur les écosystèmes naturels. Les besoins en travail humain sont également plus importants dans les exploitations biologiques, non seulement parce que ce système de production présente une plus grande diversité, mais aussi en raison de la lutte manuelle contre les mauvaises herbes.

Lampkin (2007) a constaté que la plupart des évaluations de l'utilisation d'énergie par unité de surface ou de production en agriculture biologique montrent à ce jour une consommation d'énergie moins élevée à l'hectare. La consommation d'énergie (directe et indirecte) s'avère également inférieure en agriculture biologique en France, en particulier pour les grandes cultures et les élevages laitiers, mais elle demeure supérieure pour l'horticulture (Bellon et Penvern, 2014). Gomiero et al. (2011) décrivent l'utilisation d'énergie dans différents contextes agricoles et parviennent à la conclusion que l'agriculture biologique présente une efficacité énergétique plus élevée, mais qu'elle se caractérise par ailleurs, en moyenne, par des rendements plus bas et, donc, par une moindre productivité. Dans leur méta-analyse, Tuomisto et al. (2012) indiquent que l'utilisation d'énergie par unité de production est, en moyenne, inférieure de 21 % à celle de l'agriculture conventionnelle, bien que les résultats dépendent en grande partie des niveaux de productivité des systèmes examinés, ainsi que des types de production.

Une conclusion similaire a été tirée dans le cadre de l'étude de cas sur le projet AGREE aux Pays-Bas : la consommation d'énergie par unité de production de lait de l'agriculture biologique était inférieure de 13 % à celle de l'agriculture conventionnelle, tandis que ses rendements étaient jusqu'à 6.5 % plus faibles (7 950 l/UGB/an contre 8 500 l/UGB/an) (Golaszewski, et al., 2012).

Schader (2009) a examiné les différences de consommation énergétique à l'hectare entre les exploitations biologiques et conventionnelles en Suisse, d'après un échantillon d'exploitations représentatif. Les fermes porcines et avicoles ainsi que les exploitations mixtes conventionnelles affichent la plus forte consommation énergétique (60 GJ/ha), alors que la consommation d'énergie moyenne, exprimée comme étant la somme de toutes les composantes de consommation énergétique des exploitations des catégories « élevage de vaches laitières », « élevage de vaches allaitantes », « autres cultures herbacées », « grandes cultures » et « cultures spécialisées », se situe dans une fourchette de 20 à 30 GJ/ha. La consommation énergétique des exploitations biologiques est environ inférieure d'un tiers (10 à 20 GJ/ha), sauf dans le cas des exploitations mixtes, où la consommation d'énergie moyenne est inférieure d'environ 50 % à celle des exploitations conventionnelles. L'auteur attribue le volume plus restreint des achats d'aliments pour animaux (concentrés, en particulier) à de plus faibles densités de charge, à l'interdiction des engrais azotés minéraux, et à l'absence d'exploitations spécialisées dans l'élevage très intensif de porcs et de volailles.

L'amélioration de l'efficacité d'utilisation des aliments pour animaux ouvre des perspectives de réduction de la consommation d'énergie

La production de protéines animales constitue une autre source de consommation indirecte d'énergie dans le secteur agricole. La consommation d'énergie par calorie produite est sensiblement plus élevée dans les exploitations d'élevage intensif que dans celles spécialisées dans les productions végétales, du fait de la faible efficacité relative de la conversion biologique des aliments pour animaux en gras ou en protéines (Pelletier, 2011). Les besoins en énergie associés à l'alimentation des animaux constituent le principal déterminant de l'intensité énergétique des activités d'élevage. Au Royaume-Uni, par exemple, l'alimentation des animaux compte, en moyenne, pour 75 % de l'énergie grise totale du secteur de l'élevage (Woods et al., 2010).

Les moyens permettant d'accroître l'efficacité d'utilisation des aliments pour animaux - le recours à des intrants alimentaires d'une bonne efficacité énergétique et l'amélioration des ratios de conversion alimentaire - peuvent contribuer à fournir des gains économiques et réduire la consommation d'énergie. L'amélioration de l'efficacité de la conversion alimentaire entraîne par ailleurs une diminution des émissions de méthane et évite un gaspillage de cultures fourragères, puisque la production de méthane s'en trouve également réduite (Monforti-Ferrario et al., 2015).

Malheureusement, les émissions de GES et l'efficacité énergétique peuvent aussi présenter des corrélations négatives. Certains considèrent ainsi que le grain est un aliment à plus forte intensité énergétique que l'herbe, mais le bétail nourri à l'herbe produit davantage de méthane. D'autres estiment tout de même que les systèmes fondés sur le pâturage entraînent dans l'ensemble moins d'émissions de GES que ceux reposant sur une alimentation conventionnelle, compte tenu de leur potentiel de séquestration du carbone (Profita, 2012).

En outre, l'intensification des ratios alimentaires pour les ruminants n'est pas sans inconvénient, et il convient de tenir compte des limites des stratégies d'alimentation des animaux efficaces par rapport aux coûts dans les systèmes de production de ruminants. Par exemple, pour les systèmes de production de porc et de volaille - qui sont les systèmes de production agricole les plus industrialisés - la stratégie d'alimentation des animaux la plus efficace par rapport aux coûts d'un point de vue économique risque de ne pas donner de bons résultats du point de vue de l'efficacité énergétique et des émissions de GES. Des arbitrages similaires s'imposent pour les différents sous-systèmes et sous-processus (système de gestion du fumier, système de chauffage et système d'alimentation des animaux). Cela donne à penser qu'il faudra également veiller à ce que les mesures prises pour améliorer l'efficacité énergétique soient compatibles avec les exigences des consommateurs en matière de bien-être des animaux.

En dernier lieu, la consommation d'énergie des différentes espèces d'animaux d'élevage est influencée par la fécondité des reproducteurs, par leur ratio de conversion des aliments en gras ou en protéine, et dans le cas des bovins, par la durée de vie de l'animal, la consommation d'énergie étant d'autant plus importante que la durée de vie des animaux est courte. Elle diminue également selon que le fumier est ou non utilisé pour produire de la chaleur (Pelletier et al., 2010).

Les systèmes avicoles présentent, semble-t-il, les plus hauts degrés d'efficacité d'utilisation des aliments pour animaux, bien que certaines études suggèrent qu'ils pourraient diminuer si des sous-produits animaux sont intégrés dans ces aliments. Cette pratique est utilisée aux États-Unis, mais pas dans l'Union européenne, où elle est interdite. Pour ce qui est de l'utilisation du fumier, Nguyen et al. (2010a) indiquent que, dans l'Union européenne, l'utilisation du fumier à des fins de production d'énergie dans les exploitations porcines peut potentiellement compenser 57 % de l'utilisation d'énergie au sein de la chaîne d'approvisionnement. Cependant, les économies potentielles atteignent leur plus haut niveau lorsque l'utilisation d'engrais s'accompagne d'améliorations de l'utilisation des aliments pour animaux et de la gestion du fumier[10]. Il pourrait en résulter une diminution de 61 % de la consommation d'énergies fossiles. Pour les ruminants, Nguyen et al. (2010 b) ont montré à l'aide d'une analyse du cycle de vie que les besoins en énergie pour la production de veaux sont considérablement plus élevés dans les élevages de vaches allaitantes que dans ceux de vaches laitières.

Dans les exploitations laitières, les taux de renouvellement et les rendements de lait constituent d'importants déterminants de l'utilisation d'énergie. La relation entre l'énergie et les rendements semble suivre une courbe qui commence par s'améliorer avant de se détériorer au-delà d'un rendement d'environ 8 000 kg de lait par vache et par an. Dans les exploitations laitières, la demande d'énergie est par ailleurs d'autant plus forte que le taux de renouvellement est élevé. Capareda et al. (2010) ont étudié 14 exploitations laitières aux États-Unis, et ils ont constaté que l'utilisation d'énergie variait entre un chiffre aussi bas que 464 kWh par an et par animal dans les systèmes basés sur le pâturage et un chiffre aussi élevé que 1 637 kWh par an et par animal dans une exploitation hybride. L'énergie potentiellement produite à partir du fumier dépasserait dans tous les cas de figure les besoins journaliers, bien que certaines données allant dans le sens contraire portent à croire que cela pourrait ne pas valoir pour les systèmes confinés.

Diminution efficace par rapport aux coûts de la consommation directe d'énergie dans l'agriculture primaire

On ne dispose que d'un nombre réduit d'analyses empiriques cohérentes de l'efficacité énergétique et des avantages des économies d'énergie. L'une des plus riches d'enseignements a été menée par Gołaszewski et al. (2012) et porte sur sept pays de l'UE. Ces auteurs ont constaté que des mesures d'économie d'énergie dans le secteur agricole[11] peuvent réduire aussi bien les apports énergétiques directs qu'indirects et une écrasante majorité de ces mesures (443 sur 481) a été évaluée dans la gamme modérée à élevée, pour ce qui est de leur importance pour les économies d'énergie. Des mesures d'économie d'énergie dans le secteur peuvent dès à présent être prises (464 mesures sur 481) mais des recherches poussées seront néanmoins nécessaires (389 sur 481). Dans le système hautement industrialisé de la production de porcs et de poulets de chair, beaucoup de mesures d'économie d'énergie peuvent être mises en œuvre au moyen de technologies disponibles sur le marché, telles qu'une meilleure isolation thermique, des systèmes de ventilation, d'éclairage et de refroidissement plus efficaces, ou encore une régulation avancée des conditions ambiantes intérieures.

L'ampleur estimée des coûts d'investissement liés à la mise en œuvre des mesures d'économie d'énergie est très variable selon les sous-secteurs. Pour un tiers de l'ensemble des mesures en question, le coût de mise en œuvre est inférieur à 1 000 EUR, et pour un autre tiers il se situe dans une fourchette de 1 000 à 25 000 EUR. Les coûts d'investissement les plus élevés seraient associés à l'économie d'énergie et à l'amélioration de l'efficacité énergétique dans le secteur de la production sous serre et dans celui de l'élevage. Ils sont liés à une meilleure isolation thermique, à des systèmes de ventilation, d'éclairage et de refroidissement plus efficaces, et à une régulation avancée des conditions ambiantes intérieures. Bon nombre de technologies (telles que les échangeurs de chaleur et les pompes à vitesse variable) constituent des méthodes offrant des avantages sur tous les plans et qui peuvent être mises en œuvre sans attendre et être amorties en un délai maximal de cinq ans (DEFRA, 2013).

Dans les systèmes de grandes cultures, les principales mesures d'amélioration de l'efficacité énergétique sont liées à la consommation directe d'énergie résultant de l'utilisation de carburant et à la consommation indirecte d'énergie imputable à l'emploi d'engrais azotés. L'analyse de différentes études de cas portant sur divers pays d'Europe a mis en évidence des potentiels d'économie d'énergie de 1 % à 43 % de l'ensemble de l'utilisation d'énergie.

L'importance accordée aux efforts d'économie d'énergie peut être variable selon les pays. Les pays du sud de l'UE privilégieront les mesures d'économie d'énergie liées à l'irrigation des cultures, alors que ceux du centre et du nord-est prêteront davantage d'intérêt aux techniques de séchage énergétiquement efficaces.

L'étude réalisée par le ministère de l'Environnement, de l'Alimentation et des Affaires rurales (DEFRA, 2010) s'est efforcée d'évaluer l'efficacité-coût des méthodes de réduction de la consommation d'énergie dans l'agriculture anglaise à l'horizon des années 2020 et 2030. Cette analyse visait à situer les mesures de réduction de la consommation d'énergie sur la courbe préexistante des coûts marginaux de réduction des émissions agricoles de GES, qui indique l'efficacité-coût des différentes mesures de réduction des émissions (éq-CO_2) GBP/tonne. Elle met pour l'essentiel en évidence l'ampleur de la réduction des coûts qui pourrait être obtenue en intensifiant l'application de certaines mesures par rapport à leur niveau actuel (ou à celui de référence) au sein du secteur.

La courbe préexistante des coûts marginaux de réduction des émissions agricoles de GES démontrait en particulier l'existence de mesures « gagnant-gagnant » (c'est-à-dire de mesures permettant de réduire les émissions tout en faisant baisser les coûts supportés par l'exploitation agricole). Un exemple classique en est fourni par les apports excessifs d'engrais azotés dépassant les quantités nécessaires à la croissance des végétaux. L'analyse des consommations directes d'énergie fait apparaître que d'importantes réductions des coûts (et des émissions) peuvent être assurées grâce à un large éventail de mesures (voir tableau A2.4).

Le nombre limité d'options disponibles s'agissant des activités réalisées dans les champs peut paraître surprenant, puisque celles-ci représentent une importante part des émissions associées à l'utilisation d'énergie de l'exploitation. La majeure partie de cette énergie est consommée par les tracteurs et il n'existe qu'un nombre limité d'options susceptibles d'améliorer leur efficacité énergétique. Il convient également de noter que, d'après les estimations, une grande partie des économies initiales s'inscrivent dans la catégorie « gestion de l'énergie et entretien » ; ces améliorations sont en fait imputables à un meilleur fonctionnement des tracteurs et des outils.

Il y a lieu de souligner que cette analyse ne tenait pas compte des approches radicales telles que l'agriculture de précision, la circulation raisonnée et les systèmes reposant sur un travail minimal du sol. Ces différentes options (à l'exception peut-être de l'agriculture de précision) présentent un inconvénient : leur adoption risque de se heurter à une forte résistance, car elle impliquerait une mutation des systèmes d'exploitation agricole en place, et en particulier de nouveaux besoins en équipements.

Notes

1. Les données du ministère britannique de l'Environnement, de l'Alimentation et des Affaires rurales (DEFRA) et du ministère américain de l'Agriculture (USDA) donnent à penser que les coûts énergétiques représentent environ 17 % des dépenses de production des exploitations au Royaume-Uni et aux États-Unis (dans ce dernier cas, environ 6.3 % correspondaient à des dépenses directes et 11.5 % à des coûts indirects). De plus, aux États-Unis, les producteurs de maïs, de sorgho et de riz ont consacré en 2011 plus de 30 % de l'ensemble de leurs dépenses de production aux intrants énergétiques (Beckman, Borchers et Jones, 2013).

2. Certains carburants ont une teneur en carbone plus élevée que d'autres, et génèrent de plus fortes émissions de CO_2 par Btu (unité thermique britannique) utilisée. Cependant, certains carburants/moteurs offrent un meilleur rendement que d'autres et exigent moins de carburant pour un résultat similaire. À titre d'exemple, à volume égal, le gazole contient davantage de Btu que l'essence, mais les moteurs diesel sont plus performants que ceux à essence.

3. Au Royaume-Uni, d'après les estimations, la consommation d'énergie du secteur agricole en 2010 équivalait à 4 % de l'ensemble de l'énergie utilisée dans le pays pour produire de l'électricité (DEFRA, 2010). Le gazole (carburant diesel agricole), dont la part estimée dans la consommation totale d'énergie s'élevait à 39 %, était la source d'énergie la plus largement utilisée, suivi du gaz naturel (17 %), de l'électricité (16 %) et des huiles statiques (15 %). Les autres besoins en énergie ont été satisfaits à l'aide de charbon et de gaz propane liquide.

4. Plus précisément, en 2007, l'année la plus récente pour laquelle on dispose d'une telle analyse, la consommation directe d'énergie du secteur agricole s'est élevée à 839 ktep, alors que 1 053 ktep et 321 ktep étaient respectivement utilisés pour la production d'engrais et de pesticides, 503 ktep pour l'alimentation des animaux et 373 ktep pour les tracteurs et les autres machines agricoles.

5. En 2011, l'utilisation directe d'énergie en unités physiques (Btu - unités thermiques britanniques) représentait 63 % de la consommation d'énergie de l'agriculture, contre 37 % pour la consommation indirecte.

6. L'étude considère que les autres intrants, tels que l'électricité ou le gaz naturel, correspondent à des apports directs d'énergie.

7. Il convient de noter que le progrès technique et la substitution des intrants présentent une différence fondamentale du point de vue de leur interprétation économique. En effet, le premier repousse vers l'extérieur une frontière des possibilités de production pour une dotation en intrants donnée, alors que la seconde se traduit par un déplacement le long d'une frontière donnée.

8. Selon l'IFA, l'efficacité énergétique nette moyenne des 66 usines d'ammoniac participantes était en 2015 égale à 36 GJ/t NH_3, ce qui équivaut à une amélioration de 4 % par rapport à 2004, l'année de référence (IFA, 2015).

9. En Finlande, l'utilisation intensive de légumineuses pourrait réduire l'utilisation d'engrais N de 60 % et l'utilisation d'énergie fossile d'environ 3700 TJ par an par rapport à la situation actuelle (Känkänen, 2015).

10. Les auteurs ont eu recours à une vaste analyse du cycle de vie (ACV) prenant en considération tous les processus qui sont affectés par une modification de la production d'un produit.

11. Les mesures d'efficacité énergétique font référence à la réduction des principaux apports d'énergie, notamment les engrais, les pesticides et les aliments du bétail; les carburants utilisés pour le transport par les tracteurs et autres machines; les combustibles utilisés pour chauffer, refroidir et ventiler les bâtiments et installations de l'exploitation; l'électricité utilisée pour le pompage, l'éclairage ; et l'énergie incorporée dans les bâtiments et les équipements (Gołaszewski et al., 2012).

Bibliographie

Agence de l'environnement et de la maîtrise de l'énergie (ADEME) (2012), « Analyse économique de la dépendance de l'agriculture à l'énergie », www.ademe.fr/analyse-economique-dependance-lagriculture-a-lenergie-evaluation-analyse-retrospective-depuis-1990-scenarios-devolution-a-2020.

Agence international de l'énergie (AIE) (2016), *World Energy Balances 2016*, Éditions OCDE, Paris, http://dx.doi.org/10.1787/9789264263116-en.

Alluvione, F. et al. (2011), « EUE (energy use efficiency) of cropping systems for a sustainable agriculture », *Energy*, vol. 36, n° 7.

Association internationale de l'industrie des engrais (IFA) (2016), *Fertilizer Market Outlook report: Fertilizers and Raw Materials Global Supply 2016-2020,* www.fertilizer.org.

Astier, M. et al. (2014), « Energy balance and greenhouse gas emissions in organic and conventional avocado orchards in Mexico », *Ecological Indicators*, vol. 43.

Beckman, J., A. Borchers et C. Jones (2013), *Agriculture's Supply and Demand for Energy and Energy Products*, EIB-112, U.S. Department of Agriculture, Economic Research Service, mai, www.ers.usda.gov/media/1104145/eib112.pdf.

Bellon, S. et S. Penvern (dir. pub.) (2014), *Organic Farming, Prototype for Sustainable Agricultures*, Springer.

Brown, E. et R. Elliot (2005), « On farm energy use characterizations », *American Council for an Energy-Efficient Economy (ACEEE)*, Report No. IE052.

Canning, P. et al. (2017), *The Role of Fossil Fuels in the U.S. Food System and the American Diet*, Economic Research Service, United States Department of Agriculture, *Economic Research Report*, n° 224.

Canning, P. et al. (2010), *Energy Use in the U.S. Food System*, Economic Research Service, United States Department of Agriculture, *Economic Research Report*, n° 94.

Capareda, S. et al. (2010), « Energy usage survey of dairies in the southwestern United States », *Applied Engineering in Agriculture*, vol. 26, n° 4.

Charpentier, O. (2016), *Efficient Energy Use in Agri-food Chains*, Institut interaméricain de coopération pour l'agriculture (IICA), www.iica.int/sites/default/files/publications/files/2016/B3984i.pdf.

CNW (2014), « Fertilizer industry and energy company promote greenhouse gas emissions reduction and agricultural sustainability for Farming 4R Land », 8 avril, www.newswire.ca/news-releases/fertilizer-industry-and-energy-company-promote-greenhouse-gas-emissions-reduction-and-agricultural-sustainability-for-farming-4r-land-514052541.html, consulté en septembre 2015.

Department for Environment, Food and Rural Affairs (DEFRA) (2013), *Energy Dependency and Food Chain Security*, Report FO0415, Londres, Royaume-Uni, http://randd.defra.gov.uk/Default.aspx?Menu=Menu&Module=More&Location=None&Completed=0&ProjectID=16433.

DEFRA (2010), *Energy Marginal Abatement Cost Curve for English Agricultural Sector*, Final Report, http://randd.defra.gov.uk/Default.aspx?Menu=Menu&Module=More&Location=None&ProjectID=17631&FromSearch=Y&Publisher=1&SearchText=EC0103&SortString=ProjectCode&SortOrder=Asc&Paging=10%23Description.

DEFRA (2008), *Comparative Life Cycle Assessment of Food Commodities Procured for UK Consumption through a Diversity of Supply Chains*, research undertaken for Defra by AEA, ADAS, Ed Moorhouse, Paul Watkiss Associates, AHDBM, Marintek, Defra project FO0103, 2008.

Dodder, R. et al. (2011), *Environmental Impacts of Emerging Biomass Feedstock Markets: Energy, Agriculture, and the Farmer*, CARD Working Paper 11-WP 526.

Extension (2012), *Energy-Efficient Use of Fertilizer and Other Nutrients in Agriculture*, http://articles.extension.org/pages/62014/energy-efficient-use-of-fertilizer-and-other-nutrients-in-agriculture.

Fabiani, S. et al. (2016), « Energy Impact Matrix: using Italian FADN to estimate energy costs impact at farm level », document présenté à la 7e Conférence internationale sur les statistiques agricoles, 26-28 octobre, Rome.

Fertilizers Europe (2014), « Energy efficiency and greenhouse gas emissions in European nitrogen fertilizer production and use », www.fertilizerseurope.com/fileadmin/user_upload/publications/agriculture_publications/Energy_Efficiency__V9.pdf.

Gelfand, I., S. Snapp et G. Roberson (2010), « Energy efficiency of conventional, organic and alternative cropping systems for food and fuel at a site in the US Midwest », *Environmental Science & Technology*, vol. 44, n° 10.

Gellings, C. et K. Parmenter (2004), « Energy Efficiency in Fertilizer Production and Use », *Efficient Use and Conservation of Energy*, in Encyclopédie des systèmes de soutien de la vie (EOLSS), établie sous l'égide de l'UNESCO, EOLSS, Oxford, Royaume-Uni, www.eolss.net/ebooks/sample%20chapters/c08/e3-18-04-03.pdf.

Gołaszewski, J. et al. (2012), « State of the art on energy efficiency in agriculture - Country data on energy consumption in different agro-production sectors in the European countries », Project founded by the FP7 Programme of the EU with the Grant Agreement Number 289139, AGREE Project Deliverable 2.1., www.agree.aua.gr.

Gomiero, T., D. Pimentel et M.G. Paoletti (2011), « Environmental impact of different agricultural management practices: Conventional vs. organic agriculture », *Critical Reviews in Plant Sciences*, vol. 30, n° 1-2.

Harris, J. et al. (2008), *Agricultural Income and Finance Outlook*, AIS-86, Economic Research Service, U.S. Department of Agriculture.

Heller, M. et G. Keoleian (2000), « Life Cycle-Based Sustainability Indicators for Assessment of the U.S », *Food System*, The Center for Sustainable Systems, Michigan, États-Unis.

IFA (2015), *Energy Efficiency and CO_2 Emissions in Ammonia Production, Global Industry Benchmark Report*, www.fertilizer.org/imis20/images/Library_Downloads/2014_ifa_ff_ammonia_emissions_july.pdf?WebsiteKey=411e9724-4bda-422f-abfc-8152ed74f306&=404%3bhttp%3a%2f%2fwww.fertilizer.org%3a80%2fen%2fimages%2fLibrary_Downloads%2f2014_ifa_ff_ammonia_emissions_july.pdf.

Kannan, R. et W. Boie (2003), Energy management practices in SME - Case study of a bakery in Germany, *Energy Conversion and Management*, vol. 44, n° 6.

Kendall, A. et al. (2015), « Life Cycle–based Assessment of Energy Use and Greenhouse Gas Emissions in Almond Production, Part I: Analytical Framework and Baseline Results », *Journal of Industrial Ecology*, vol. 19, n° 6.

Lampkin, N.H. (2007), « Organic farming's contribution to climate change and agricultural sustainability », paper presented at the Welsh Organic Producers' Conference, 18 octobre.

Lincoln University (2006), *Comparative Energy/Emissions Performance of New Zealand's Agriculture.*

Martin-Gorriz, B., M. Soto-García et V. Martínez-Alvarez (2014) « Energy and greenhouse-gas emissions in irrigated agriculture of SE (southeast) Spain - Effects of alternative water supply scenarios », *Energy*, vol. 77.

Meyer-Aurich, A. et al. (2012), « Impact of uncertainties on greenhouse gas mitigation potential of biogas production from agricultural resources », *Renew Energy*, vol. 37.

Monforti-Ferrario, F. et al. (2015), *Energy use in the EU food sector: State of play and opportunities for improvement*, Commission européenne, Centre commun de recherche, Bruxelles, Belgique.

National Farmers' Union (NFU) (2010), « Kemble Farms Ltd: Focus on Anaerobic Digestion », www.farmingfutures.org.uk/resources/case-studies/kemble-farms-ltd-focus-anaerobic-digestion.

Natural Resources Defence Council (NRDC) (2009), *Water Efficiency Saves Energy: Reducing Global Warming Pollution Through Water Use Strategies*, www.nrdc.org/water/files/energywater.pdf.

Nguyen, T., J. Hermansen et I. Mogensen (2010a), « Fossil energy and GHG saving potentials of pig farming in the EU », *Energy Policy*, vol. 38.

Nguyen, T., J. Hermansen et I. Mogensen (2010b), « Environmental consequences of different beef production systems in the EU », *Journal of Clean Production*, vol. 18.

OCDE (2016a), *Pratiques de gestion des exploitations agricoles favorisant la croissance verte*, Études de l'OCDE sur la croissance verte, Éditions OCDE, Paris, http://dx.doi.org/10.1787/9789264252721-fr.

OCDE (2016b), "Synergies et déséquilibres entre productivité agricole et adaptation au changement climatique et atténuation : étude de cas sur les Pays-Bas", COM/TAD/CA/ENV/EPOC(2016)7/FINAL.

Office fédéral de l'agriculture (OFAG) (2015), *Rapport agricole,* Berne, Suisse, www.agrarbericht.ch/fr?search=rapport+agricole+2015&x=11&y=4.

Organisation des Nations Unies pour l'alimentation et l'agriculture (FAO) (2011), *Aliments « énergétiquement intelligents » pour les gens et le climat –Brève analyse*, Rome, www.fao.org/3/a-i2454f.pdf.

Pelletier, N. et al. (2011), « Energy Intensity of Agriculture and Food Systems », *Annual Review of Environmental Resources*, vol. 36, n° 7.

Pelletier, N., R. Rasmussen et R. Pirog (2010), « Comparative life-cycle impacts of three beef production strategies in upper Midwestern United States », *Agricultural Systems*, vol. 103, n° 6.

Pimentel, D. (2009), « Reducing energy inputs in the agricultural production system », http://monthlyreview.org/2009/07/01/reducing-energy-inputs-in-the-agricultural-production-system.

Pimentel, D. (2006), *Impacts of organic farming on the efficiency of energy use in agriculture*, The Organic Centre, Cornell University.

Profita, C. (2012), « Which is greener: Grass-fed or grain-fed beef? », octobre 2012, www.opb.org/news/blog/ecotrope/which-is-greener-grass-fed-or-grain-fed-beef/ .

Rusu, T. (2014), « Energy efficiency and soil conservation in conventional, minimum tillage and no-tillage », www.sciencedirect.com/science/article/pii/S2095633915300575.

Sands, R., P. Westcott, J. Price, J. Beckman, E. Leibtag, G. Lucier, W. McBride, D. McGranahan, M. Morehart, E. Roeger, G. Schaible et T. Wojan (2011), *Impacts of Higher Energy Prices on Agriculture and Rural Economies*, ERS-123, USDA Economic Research Service, août 2011.

Schader, C. (2009), Cost-effectiveness of organic farming for achieving environmental policy targets in Switzerland, FiBL, Frick et Aberystwyth University, www.fibl.org/fileadmin/documents/shop/1539-cost-effectiveness-of-organic-farming.pdf.

Schneider, U. et P. Smith (2009), « Energy intensities and greenhouse gas emissions in global agriculture », *Energy Efficiency*, vol. 2, n° 2.

Smith, L., A. Williams et B. Pearce (2015), « The energy efficiency of organic agriculture: A review », *Renewable Agriculture and Food Systems*, vol. 30,n° 3.

Smith, E. et al. (2008), « Decoding your fuel bill: What is your farm's real energy bill? », http://prairiesoilsandcrops.ca/articles/volume-1-5-print.pdf.

Tuomisto, H. et al. (2012), « Does organic farming reduce environmental impacts? A meta-analysis of European research », *Journal of Environmental Management*, vol. 112, pp. 309-320.

Van Ierland, E. et A. Lansink (2003), *Economics of Sustainable Energy in Agriculture*, Kluwer Academic Publishers.

Vert, J. et F. Portet (coord.) (2010), *Prospective Agriculture Énergie 2030 - L'agriculture face aux défis énergétiques*, Centre d'études et de prospective, SSP, Ministère de l'Agriculture, de l'Alimentation, de la Pêche, de la Ruralité et de l'Aménagement du Territoire, France.

Woods, J. et al. (2010), « Energy and the Food System », *Royal Society*, vol. 365, n° 1554.

Xiarchos, I.M. et B. Vick (2011), « Solar Energy Use in US Agriculture: Overview and Policy Issues », U.S. Department of Agriculture, Office of the Chief Economist, Office of Energy Policy and New Uses.

Annexe 2A.1.

Données empiriques sur l'utilisation et la productivité de l'énergie directe au sein de l'exploitation

Tableau A2.1. Productivité de l'énergie directe dans l'exploitation, 1995-97 et 2010-12 (1900=100)

	1995-97	2010-12	Évolution (%)
OCDE			
Australie	99	76	-24
Autriche	108	120	12
Belgique	105	92	-13
Canada	86	71	-17
Corée	56	85	50
Danemark	98	103	5
Espagne	78	81	4
Estonie	319	294	-8
États-Unis	102	97	-5
Finlande	114	109	-4
France	96	80	-17
Grèce	119	223	88
Hongrie	125	158	26
Irlande	86	103	19
Islande	90	121	33
Israël	69	64	-8
Italie	107	111	4
Japon	77	105	36
Lettonie	163	156	-4
Luxembourg	85	54	-36
Mexique	107	98	-9
Norvège	66	139	112
Nouvelle-Zélande	99	103	4
Pays-Bas	89	117	32
Pologne	56	71	29
Portugal	89	133	50
République slovaque	154	203	32
République tchèque	89	143	62

(suite page suivante)

Tableau A2.1. Productivité de l'énergie directe dans l'exploitation, 1995-97 et 2010-12 (1900=100) *(suite)*

	1995-97	2010-12	Évolution (%)
Royaume-Uni	97	132	37
Slovénie	95	84	-12
Suède	92	135	47
Suisse	50	98	96
Turquie	74	55	-26
Hors OCDE			
Afrique du Sud	66	109	65
Argentine	72	101	40
Brésil	107	145	36
Chine	136	195	43
Colombie	99	101	2
Costa Rica	30	63	112
Inde	69	75	8
Indonésie	78	75	-3
Philippines	157	115	-27
Fédération de Russie	90	198	121
Ukraine	142	212	49
Viet Nam	85	122	43
Groupements			
Total OCDE	94	99	6
Total hors OCDE	143	200	40
UE-28	110	140	28
G7	95	03	-3
G20	102	127	24
Monde	61	76	26

Tableau A2.2. Composition de l'utilisation d'énergie directe dans la zone de l'OCDE, 1990-2013 (%)

	1990-94	1995-99	2000-04	2005-09	2010-13
			Agriculture		
Charbon et produits charbonniers	3.5	2.7	2.0	1.9	2.0
Produits pétroliers	75.7	76.9	72.2	68.6	68.2
Gaz naturel	8.2	7.6	9.2	10.2	8.84
Biocumbustibles et déchets	1.7	2.0	2.1	2.7	3.8
Électricité	9.6	9.8	13.5	15.8	16.0
			Transformation et fabrication des denrées alimentaires		
Charbon et produits charbonniers	14.2	8.3	8.1	8.6	8.5
Produits pétroliers	26.8	21.2	18.0	14.4	8.9
Gaz naturel	21.8	39.0	40.7	41.2	45.8
Biocumbustibles et déchets	5.1	5.6	5.8	5.1	5.5
Électricité	29.2	24.5	25.9	28.6	28.9
Chauffage	3.0	1.5	1.5	2.1	2.3

Notes :

1. Les données reposent sur les divisions 10, 11 et 12 de la CITI, Rév.4. Elles incluent la transformation et la conservation du poisson, des crustacés et des mollusques.
2. Les hydrocarbures primaires et secondaires incluent les produits pétroliers bruts et raffinés.

Source : AIE (2016), *World Energy Statistics and Balances*, Service de données en ligne, édition 2016 http://dotstat.oecd.org/?lang=en.

Tableau A2.3. Vue d'ensemble des utilisations directes de l'énergie dans l'agriculture anglaise, par activité et par secteur

Catégorie	Utilisation de l'énergie	Type d'énergie
Horticulture sous abri	Chauffage (environ 90 % pour la plupart des cultures)	Gaz naturel, pétrole, charbon, et gaz propane liquide (GPL)
	Éclairage	Électricité – la demande peut être forte, pour allonger les périodes « naturelles » de culture
	Pompage (irrigation et circulation d'eau pour la régulation de la température et la culture hydroponique)	Électricité
	Ventilation	Électricité
Horticulture de plein champ	Exploitation des champs : tracteurs, machines de traitement des cultures, récolte	Diesel (gazole)
	Réfrigération et stockage des cultures	Électricité – demande croissante de stockage tout au long de l'année
	Préparation des cultures	Électricité
Élevage intensif (porcs, volailles – viande et œufs)	Chauffage	Pétrole et GPL, un peu d'électricité
	Ventilation	Ventilateurs électriques
	Éclairage	Électricité
	Pompage et manutention	Électricité
Élevage laitier	Machines de traite	Pompes électriques
	Réfrigération du lait	Électricité
	Production d'eau chaude	Chaudières GPL
	Éclairage général et alimentation en électricité	Électricité
	Machines agricoles	Diesel
	Gestion du fumier	Diesel et électricité
Bovins à viande et ovins	Éclairage et alimentation en électricité	Électricité
	Production de fourrage	Diesel
Grandes cultures	Exploitation des champs	Diesel (gazole)
	Séchage, stockage et manutention du grain	Électricité/gaz/pétrole/GPL
Pomme de terre et betterave sucrière	Exploitation des champs	Diesel pour les tracteurs
	Réfrigération et stockage des cultures	Électricité
	Préparation des cultures	Électricité

Source : DEFRA (2010).

Tableau A2.4. Mesures les plus efficaces par rapport aux coûts et économie nette ou coût net

Catégorie	Économie nette (valeur négative entre parenthèses) ou coût net (valeur positive entre parenthèses) GBP par tonne de réduction des émissions de CO_2 :
Grandes cultures	Meilleur contrôle des installations de séchage du grain (-115) ; Travail minimal du sol (-108) ; Meilleure gestion (-68) ; Meilleur entretien (-13) ; Variateurs de vitesse dans les installations de séchage des cultures (77).
Horticulture sous abri : Cultures comestibles nécessitant des températures élevées	Meilleure gestion de l'énergie (-174) ; Chaudières à haut rendement (-166) ; Isolation du système (-161) ; Chaudières à biomasse (-134) ; Ordinateurs de régulation des conditions ambiantes (-126) ; Meilleur entretien (-120) ; Récupération de chaleur (-73) ; Variateurs de vitesse (-53) ; Meilleurs systèmes de refroidissement (14) ; Meilleures sources de lumière (62).
Horticulture sous abri : Cultures comestibles nécessitant des températures peu élevées	Meilleure gestion de l'énergie (-177) ; Réduction au minimum des fuites d'air (-162) ; Systèmes de chauffage à la biomasse (-158) ; Meilleur entretien (-154) ; Chaudières à haut rendement (-151) ; Isolation du système (-118) ; Variateurs de vitesse (-26) ; Ordinateurs de régulation des conditions ambiantes (9). Meilleurs systèmes de refroidissement (14) ; Meilleures sources de lumière (62).
Viande de volaille	Ventilation naturelle à commande automatique (-324) ; Éclairage haute efficacité (-209) ; Meilleure gestion de l'énergie (-190) ; Installation de chaudières à biomasse (-144) ; Déstratification (-96) ; Isolation/étanchéité des bâtiments (-83) ; Meilleur entretien (-56) ; Meilleure isolation des systèmes de ventilation (-38) ; Récupération de chaleur (7).
Œufs	Ventilation naturelle à commande automatique (-271) ; Meilleure gestion de l'énergie (-201) ; Installation d'un éclairage haute efficacité (-152) ; Meilleur entretien (-32) ; Ventilateurs haute performance (27).
Élevage laitier	Contrôle optimisé (-259) ; Adoption de la récupération de chaleur (-236) ; Variateurs de vitesse (-215) ; Optimisation du prérefroidissement (-210) ; Chaudières à biomasse (-177) ; Meilleure gestion de l'énergie (-169) ; Meilleur entretien (-125) ; Optimisation de l'isolation (-95) ; Conversion à l'électricité des racloirs à fumier (-54) ; Éclairage haute efficacité (-11).

(Suite page suivante)

Tableau A.2.4. Mesures les plus efficaces par rapport aux coûts et économie nette ou coût net *(suite)*

Catégorie	Économie nette (valeur négative entre parenthèses) ou coût net (valeur positive entre parenthèses) GBP par tonne de réduction des émissions de CO_2 :
Bovins à viande et ovins	Aucune mesure efficace par rapport aux coûts pour les ovins et possibilités limitées pour les bovins à viande
Porcs	Meilleur contrôle du chauffage des porcelets (-220) ; Installation de chaudières à biomasse pour le chauffage des coins à porcelets (-209) ; Meilleure isolation des bâtiments abritant les porcelets sevrés (-198) ; Installation de chaudières à biomasse pour le chauffage des porcelets sevrés (-193) ; Isolation des bâtiments abritant les coins à porcelets (-185) ; Chauffage sous le sol des coins à porcelets (-132) ; Meilleure gestion de l'énergie (-108) ; Ventilation naturelle à commande automatique (-103) ; Meilleur contrôle du chauffage des coins à porcelets (-63) ; Récupération de chaleur dans les bâtiments abritant les porcelets sevrés (-6) ; Meilleur entretien (15).

Source : DEFRA (2010).

Chapitre 3

Utilisation d'énergie et amélioration de l'efficacité énergétique à l'aval de la chaine alimentaire

Sur la base des informations existantes aisément disponibles pour les pays de l'OCDE et quelques autres qui n'en sont pas membres, le présent chapitre examine l'état actuel des connaissances concernant l'utilisation d'énergie et l'efficacité énergétique en aval de l'exploitation – dans les secteurs de la transformation, de la vente au détail des produits alimentaires et de la restauration. Il met en lumière les principaux déterminants et les principales tendances de l'utilisation d'énergie et de l'efficacité énergétique, ainsi que les possibilités de réaliser des gains d'efficacité et les obstacles qui s'opposent à leur obtention.

L'industrie agroalimentaire

La transformation des denrées alimentaires exige une grande quantité d'énergie

Cette composante de la chaine alimentaire contribue pour une part notable, et croissante, aux émissions de GES de l'ensemble de la chaine et à sa consommation globale d'énergie. Les données en provenance des États-Unis suggèrent que cette croissance est une conséquence de l'externalisation par les ménages de la préparation des aliments, qu'ils délèguent aux transformateurs. (Canning et al., 2010). L'étude indique en outre que l'expansion des activités de transformation pour satisfaire cette demande est en partie due à une évolution des prix relatifs résultant de : 1) l'évolution du coût d'opportunité du temps consacré à préparer les aliments au domicile par rapport au coût des aliments préparés ; 2) la stabilité des prix de l'énergie observée jusqu'à une date récente, par rapport aux coûts de main-d'œuvre croissants de l'industrie de la transformation.

L'industrie de la transformation des produits alimentaires est, par exemple, le cinquième plus gros consommateur d'énergie aux États-Unis (Wang, 2009). Elle constitue également un important consommateur d'énergie au sein de la chaine agroalimentaire : elle représente par exemple 28 % de l'énergie incorporée dans les aliments consommés au sein de l'Union Européenne (Monforti-Ferrario et al., 2015). La chaleur industrielle nécessaire aux opérations de traitement thermique et de déshydratation compte pour environ 59 % de l'utilisation totale d'énergie de l'industrie alimentaire, contre environ 16 % pour la réfrigération et 12 % pour l'alimentation des moteurs (Wang, 2009).

Face à la complexité des utilisations de l'énergie au niveau de l'exploitation, ce stade se caractérise par une utilisation plus directe de l'énergie. Dans les pays de l'OCDE, la consommation totale d'énergie directe de l'industrie alimentaire, s'élevait en moyenne à 64.5 Mtep et représentait environ 2 % de la consommation moyenne d'énergie finale de la zone de l'OCDE au cours de la période 2011-13. Cette part a dans l'ensemble enregistré une augmentation allant de quelques dixièmes de points de pourcentage jusqu'à 6 % de la consommation nationale d'énergie finale, et les parts les plus élevées sont observées en Nouvelle-Zélande, au Danemark, en Irlande et en Australie (graphique 3.1). Le gaz naturel occupait une place prépondérante dans le bouquet énergétique de ce secteur au cours de la période 2011-13, suivi par l'électricité, le charbon et le pétrole (graphique 3.2).

Comme pour tous les autres produits industriels, la consommation d'énergie requise est d'autant plus élevée que la transformation des aliments est poussée. L'énergie consommée par unité d'aliment transformé est très variable selon les produits et peut même être très différente selon les pays pour un même produit.

La compétitivité sur le marché demeure le principal moteur des solutions d'amélioration de l'efficacité énergétique

Le secteur de la transformation des denrées alimentaires et des boissons s'attache depuis longtemps à améliorer son intensité énergétique. Les initiatives en ce domaine ont été principalement motivées par des considérations liées aux conditions du marché, à la croissance et à la compétitivité. L'efficacité énergétique de l'industrie de l'alimentation et des boissons peut aider les producteurs de ce secteur à rester compétitifs en augmentant leur production tout en réduisant leurs coûts énergétiques. Le secteur affiche un bon bilan en matière d'améliorant de l'efficacité énergétique (graphique 3.3).

Beaucoup d'études se sont centrées sur les besoins en énergie de la transformation de certains produits alimentaires[1]. Dans l'ensemble, une tendance positive se dégage étant donné qu'un certain nombre de secteurs commencent à faire état d'une amélioration de leur efficacité énergétique ces dernières années. En Europe, l'industrie de l'alimentation et des boissons a fait état d'une augmentation de l'efficacité énergétique et d'une diminution des émissions énergétiques de GES par rapport à la valeur unitaire de la production, ce qui donne à penser qu'une tendance favorable à une utilisation plus appropriée et plus optimale se dégage dans le secteur (FoodDrink Europe, 2012). Dans l'Union Européenne, par exemple, la consommation d'énergie de l'industrie alimentaire a régulièrement diminué ces dernières années, non seulement dans l'absolu, mais aussi, et de manière plus marquée, par rapport à la valeur unitaire de la production (Monforti-Ferrario et al. 2015).

L'étude détaillée sur l'industrie néerlandaise de la transformation des aliments menée par Ramírez, Patel et Blok (2006) en s'appuyant sur une batterie d'indicateurs bien plus complexe a confirmé cette tendance. Fonterra, coopérative d'agriculteurs et principal transformateur de lait de Nouvelle-Zélande, a réduit de 13.9 % sa consommation d'énergie par tonne de produit depuis 2003 (Federated Farmers of New Zealand, 2015).

Graphique 3.1. La transformation des aliments consomme une grande quantité d'énergie

Part dans la consommation totale d'énergie, 2011-13 (%)

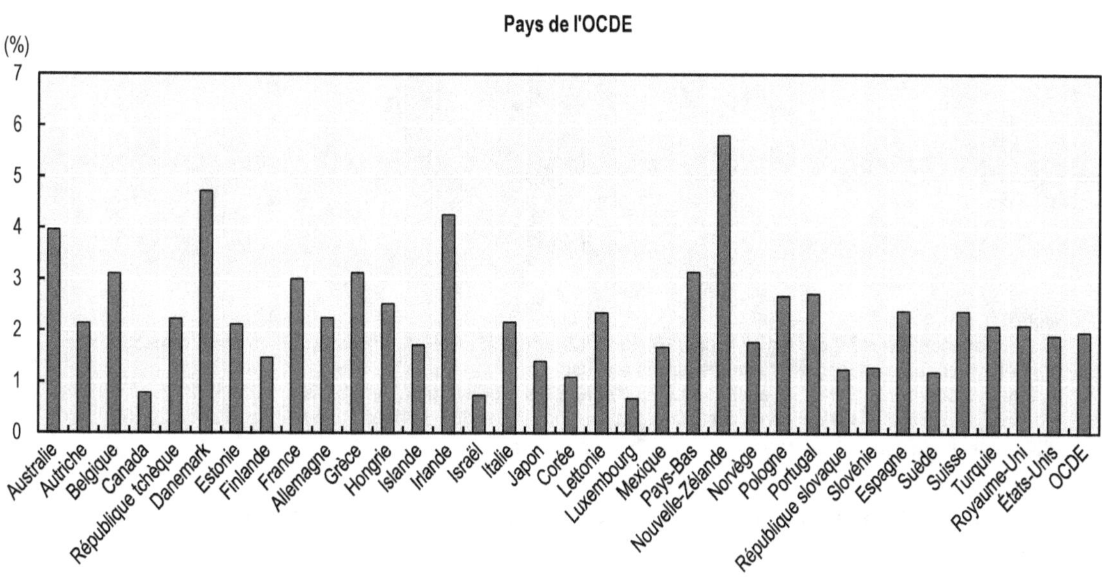

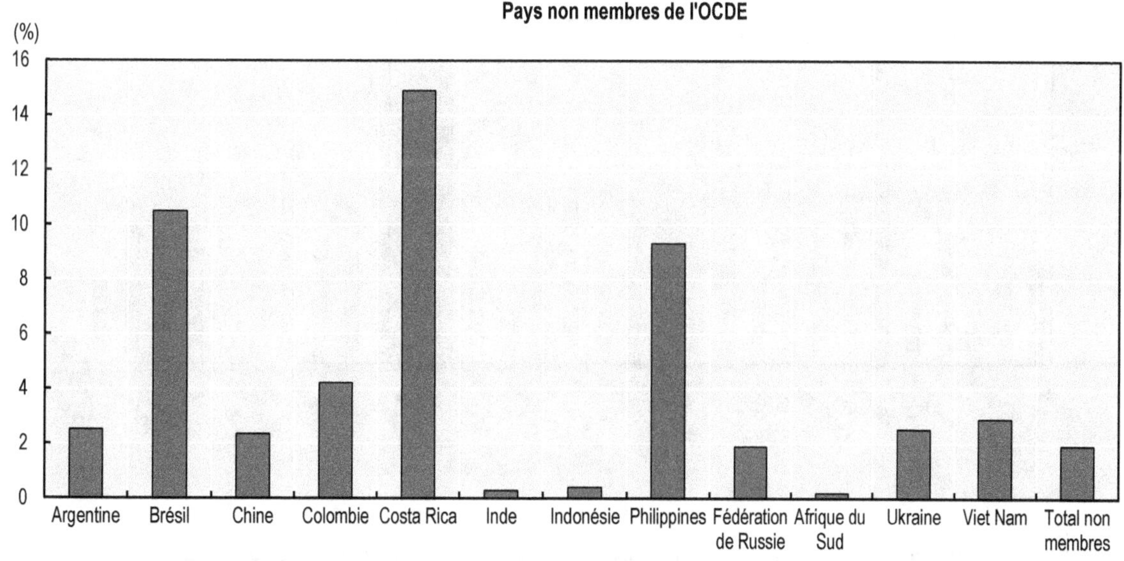

Note :

1. Les données reposent sur les divisions 10, 11 et 12 de la CITI, Rév.4. Elles incluent la transformation et la conservation du poisson, des crustacés et des mollusques.

Source : AIE (2016), *World Energy Statistics and Balances,* Service de données en ligne, édition 2016 http://dotstat.oecd.org/?lang=en

Graphique 3.2. Le gaz naturel est la principale source d'énergie utilisée pour la transformation des aliments dans la zone de l'OCDE,

(2011-13, %)

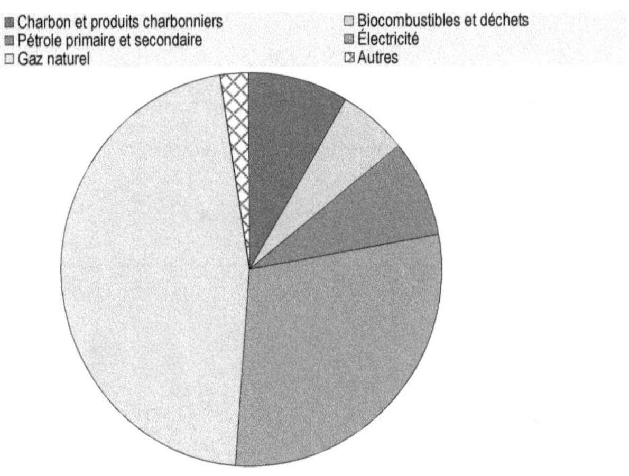

Notes :
1. Les données reposent sur les divisions 10, 11 et 12 de la CITI, Rév.4. Elles incluent la transformation et la conservation du poisson, des crustacés et des mollusques.
2. Les hydrocarbures primaires et secondaires incluent les produits pétroliers bruts et raffinés.

Source : AIE (2016), *World Energy Statistics and Balances,* Service de données en ligne, édition 2016 http://dotstat.oecd.org/?lang=en.

Graphique 3.3. L'efficacité énergétique du secteur de la transformation des aliments s'améliore

(2011-13/1995-97)

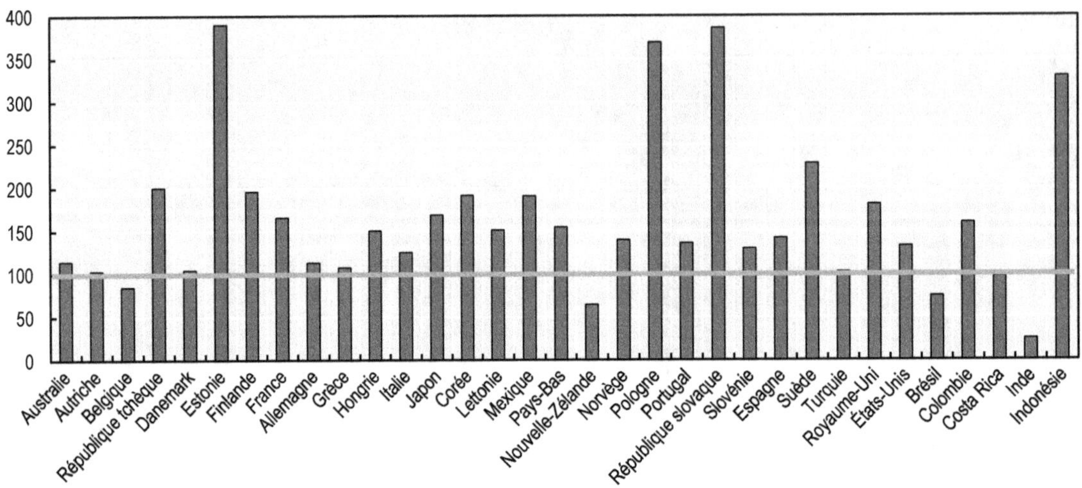

Note :
L'efficacité énergétique est définie comme le rapport entre la valeur ajoutée du secteur des aliments, des boissons et du tabac en USD constants de 2010 par unité d'utilisation d'énergie.

Source : AIE (2016), World Energy Statistics and Balances, Service de données en ligne, édition 2016, http://dotstat.oecd.org/?lang=en.

Dans l'UE-28, le secteur de l'alimentation et des boissons compte pour 10 % de la consommation d'énergie du secteur industriel, qui représente un quart de l'ensemble de la consommation finale d'énergie de l'UE-28. Le chauffage industriel est la plus importante source d'utilisation d'énergie. Le gaz naturel comble près de la moitié des besoins en énergie finale du secteur (45 %), l'électricité arrivant en deuxième position (34 %). Les fluctuations de la consommation d'énergie d'une année sur l'autre sont principalement dues à celles de la production de la vaste gamme de produits du secteur, dont la consommation d'énergie et l'intensité énergétique sont entièrement fonction du type de production et des procédés mis en œuvre pour que le produit fini soit conforme aux exigences des consommateurs l'année considérée. Une amélioration progressive de l'efficacité énergétique peut être constatée pour ce qui est de la période 1995-2012, au cours de laquelle la consommation d'énergie a diminué d'environ 0.6 % malgré une augmentation de 85 % du PIB – dont la mise au point de nouveaux produits et le renforcement de la qualité ont été les principaux moteurs (CE, 2015).

Au Royaume-Uni, les boissons, les produits laitiers et la transformation de la viande constituent les principales composantes de l'industrie de la transformation des aliments et des boissons (DEFRA, 2007 ; 2013). Le combustible fossile destiné à alimenter les chaudières qui fournissent la vapeur nécessaire au processus constitue la principale source d'énergie utilisée (49 %). La consommation d'énergie à des fins de chauffage direct au moyen de combustibles est également élevée (19%). L'électricité est principalement utilisée pour les processus impliquant l'emploi d'air comprimé, pour la réfrigération, ainsi que pour d'autres processus qui utilisent des moteurs pour remuer et mélanger les ingrédients. Des améliorations technologiques ont été mises en œuvre dans l'industrie de la transformation des aliments, ce qui a abouti à une tendance générale à la réduction des émissions de dioxyde de carbone depuis 1990, mais les améliorations de l'efficacité doivent se poursuivre pour aboutir à un secteur alimentaire compétitif et durable (Campden BRI, 2011).

Principaux avantages de la réduction de l'utilisation d'énergie et de la récupération d'énergie à partir des déchets de transformation

Un grand nombre d'opérations de transformation des denrées alimentaires, telles que la stérilisation, la pasteurisation, la cuisson, la déshydratation, le séchage et la congélation, impliquent un transfert de chaleur à l'intérieur ou à l'extérieur des aliments pour en améliorer la qualité gustative et la salubrité ou pour en allonger la durée de conservation – un important facteur de réduction des déchets alimentaires. La déshydratation et le séchage sont particulièrement gros consommateurs d'énergie, du fait de l'efficacité énergétique relativement basse des séchoirs industriels (Wang, 2009). Un certain nombre de méthodes ont été mises en œuvre pour accroître l'efficacité énergétique des procédés de déshydratation et de séchage, tels que les procédés mécaniques (filtration et centrifugation) et le système d'évaporateur à effet multiple, qui collecte et réutilise la vapeur afin de réduire l'énergie nécessaire pour extraire l'humidité du produit. Cependant, les gains potentiels d'efficience énergétique devront être mis en balance avec le coût d'installation d'évaporateurs supplémentaires.

Technologie de séchage énergétiquement efficace dans l'industrie du sucre

Grâce à l'utilisation de presses à vis mécaniques pour extraire autant d'eau que possible de la pulpe de betterave avant de procéder au séchage, l'usine British Sugar Beet de Wissington, au Royaume-Uni, a réduit la consommation d'énergie de ses séchoirs, assurant ainsi une baisse de 55.8 % de son utilisation d'énergie primaire (Best Practice Programme, 1997, *in* Wang, 2009). Du fait des mesures de ce type, entre 1990 et 2009, la société a réalisé une réduction de 25 % de la quantité d'énergie employée pour produire une tonne de sucre. La société s'efforce actuellement de parvenir d'ici 2020 à réduire de 30 % la quantité d'énergie utilisée pour produire une tonne de sucre, par rapport au niveau de référence de 1990 (British Sugar, 2010).

Lorsqu'elle peut être mise en œuvre, la meilleure solution pour accroître l'efficacité-coût de l'utilisation de chaleur consiste en règle générale à améliorer l'efficacité énergétique du processus de production d'énergie thermique lui-même. Les avantages économiques de la récupération des rejets thermiques incluent une réduction de la facture énergétique et des dépenses en capital, puisque des équipements de conversion d'énergie d'une moins grande capacité sont alors nécessaires. Cependant, les économies réalisées grâce à un système de récupération des rejets thermiques dépendent de l'utilisation, de la quantité et de la qualité de la chaleur résiduelle récupérée, et de l'équipement de transfert de chaleur utilisé pour récupérer ces rejets thermiques. Dans la majorité des cas, la récupération de chaleur est d'autant plus efficace que l'extraction de chaleur et son utilisation ont lieu en des points géographiquement proches et coïncident dans le temps (Carbon Trust, 2011).

Augmentation de la récupération des rejets thermiques dans la production de chocolat

En 2010, la société agroalimentaire Nestlé a modernisé la centrale au charbon de son usine de chocolat de Halifax, au Royaume-Uni, de telle sorte qu'elle puisse récupérer la chaleur résiduelle rejetée par la réfrigération du chocolat, puis la convertir afin d'élaborer des produits chocolatés. Le nouveau système, dont le rendement énergétique est, dit-on, de 15 % plus élevé que celui de l'ancien, a permis à l'usine de réduire ses émissions de CO_2 de 1.1 million de livres par an, et à la société de bénéficier d'une baisse de près de 400 000 USD par an de sa facture énergétique (Kaye, 2013).

La production conjointe de vapeur et d'électricité est devenue un moyen couramment utilisé dans l'industrie internationale de la canne à sucre pour accroître sensiblement le rendement des chaudières (Wang, 2009). La vapeur à haute pression est d'abord employée pour produire de l'électricité, puis la vapeur d'échappement est réutilisée en guise de vapeur de traitement. Du fait de cette double utilisation de la vapeur, l'efficacité énergétique globale du système de cogénération de vapeur et d'électricité utilisé dans les raffineries de sucre se situe entre 75 et 80 %, contre 35 % pour la seule production d'électricité. Les raffineries de sucre de canne produisent par conséquent la plus grande partie de l'électricité qu'elles consomment.

Les centrales de cogénération de chaleur et d'électricité réduisent la consommation de combustibles dans l'industrie du sucre

Dans les usines de British Sugar, le charbon, le pétrole ou le gaz sont utilisés pour alimenter les chaudières à eau qui produisent la vapeur nécessaire à la production de l'électricité destinée à l'usine. La vapeur est de nouveau utilisée au stade de l'évaporation, puis pour chauffer le jus de sucre tout au long du processus. La production d'électricité de certaines usines est supérieure à leurs besoins. En 2008, les centrales de cogénération de British Sugar n'ont pas seulement répondu à plus de 94 % des besoins en électricité de la société, mais a aussi produit 700 000 MWh d'électricité destinés à être exportés vers le réseau local de distribution d'électricité. Des turbines à gaz à cycle combiné ont été installées dans deux usines au **Royaume-Uni**, permettant ainsi à la société d'extraire environ 80 % de l'énergie contenue dans le combustible fossile utilisé au cours d'une campagne de production – soit deux fois plus qu'avec une centrale classique. La consommation de combustibles et les émissions de CO_2 qui lui sont associées s'en trouvent sensiblement réduites (British Sugar, 2010).

Beaucoup de producteurs européens du secteur de l'alimentation et des boissons se sont fixés des objectifs internes de réduction de leur empreinte environnementale, et nombre d'entre eux sont certifiés ou en cours de certification ISO 14001 (norme internationale sur les systèmes de management environnemental) ou dans le cadre du Système communautaire de management environnemental et d'audit (EMAS) de l'UE. L'industrie européenne de l'alimentation et des boissons occupe la cinquième place parmi les secteurs comptant le plus grand nombre de membres ayant obtenu une certification EMAS (FoodDrinkEurope, 2012). L'annexe 3A.1 met l'accent sur plusieurs des évolutions déjà intervenues ces dernières années ainsi que sur quelques-unes des modifications proposées par FoodDrink Europe pour réduire la consommation d'énergie et améliorer l'efficacité énergétique.

Au Royaume-Uni, les efforts pour promouvoir l'efficacité énergétique de l'industrie de l'alimentation et des boissons s'inscrivent principalement dans le cadre des Accords sur le changement climatique (CCA) (voir chapitre 5). Le CCA de la *Food and Drink Federation* (qui couvre environ la moitié du secteur de l'alimentation et des boissons) fait état d'une amélioration de 21 % de l'efficacité énergétique et d'une diminution de 18 % des niveaux d'utilisation d'énergie au cours de la période 1999-2010. D'un point de vue environnemental, les émissions de CO_2 liées à cette consommation d'énergie ont baissé de 22 % au cours de cette même période.

Au Royaume-Uni, les statistiques relatives à la consommation d'énergie indiquent également que 80 % des émissions de GES sont imputables à la production d'un petit nombre de produits (FDF, 2010). Il s'agit principalement de la fabrication de pain et de produits frais de pâtisserie, de la production de fromage et autres produits laitiers, de la production de produits à base de viande et de chair de volailles, ainsi que de la fabrication de bière et de boissons alcoolisées. Cela met en évidence la nécessité d'améliorer les technologies utilisées par ces secteurs, dont les équipements de transformation, les dispositifs de réfrigération, les chaudières, les fours, les pompes, ou encore le chauffage et l'éclairage des locaux.

La vente au détail de produits alimentaires

La réfrigération et le transport des produits alimentaires sont les principales activités consommatrices d'énergie

La distribution et la vente au détail impliquent diverses utilisations d'énergie, en particulier pour la réfrigération et le transport des produits alimentaires. La consommation d'énergie dans le secteur de la vente au détail est très variable et dépend de nombreux facteurs tels que le type et la taille du magasin, les pratiques commerciales ou les systèmes de régulation de la réfrigération et des conditions ambiantes mis en œuvre.

Bien que la consommation d'énergie (et les émissions de CO_2) soient très variables selon les pratiques et les établissements, les principales sources de consommation d'énergie dans la distribution et la vente au détail sont la gestion et le suivi de l'énergie ; le transport ; l'entreposage frigorifique (dans les véhicules de transport, les entrepôts et les établissements de vente au détail) ; la ventilation et la climatisation ; l'éclairage ; les dispositifs de transport automatique, les chariots élévateurs, etc. ; ainsi que la cuisson (boulangeries de supermarché, etc.).

De manière générale, le besoin accru de réfrigération dans la chaine alimentaire met en évidence l'allongement grandissant de la chaîne d'approvisionnement alimentaire et la distance de plus en plus importante qui sépare les producteurs des consommateurs dans l'espace comme dans le temps (comme l'illustre la disponibilité des produits hors saison), ainsi que l'importance croissante des problèmes et des réglementations sanitaires. Au Royaume-Uni, les systèmes de réfrigération comptent pour 30 % à 60 % de l'électricité utilisée à ce stade, tandis que l'éclairage en représente de 15 % à 25 %, le reste étant constitué par les appareils de chauffage, de ventilation et de climatisation, et par les autres équipements, tels que les fournils (Tassou et al., 2014).

L'étude de Tassou, Hadawey et Marriott (2011) sur la consommation d'énergie de 2 570 magasins de vente au détail de produits alimentaires au Royaume-Uni a constaté que l'intensité énergétique était très variable, y compris parmi les magasins appartenant à une même chaîne de vente au détail. Ramener au niveau de la moyenne l'intensité d'utilisation d'électricité des magasins où elle est plus élevée, grâce à des mesures d'économies d'énergie, permettrait une diminution de l'ordre de 10 % de la consommation annuelle d'énergie (soit une réduction des émissions de CO_2 de 355 000 tonnes par an).

L'industrie alimentaire a intensément recours aux transports[2]. L'utilisation d'énergie et l'efficacité énergétique varient sensiblement selon le mode de transport retenu, le volume de produits transporté à chaque voyage et l'ampleur du recours à la réfrigération. Le transport sur de longues distances par la voie aérienne implique des apports d'énergie relativement élevés, mais 1 % seulement environ des produits alimentaires sont expédiés par avion, tandis que deux tiers environ des produits locaux et un tiers des produits exportés sont transportés par la route, le reste étant assez également réparti entre le rail, le transport maritime, et la navigation intérieure (FAO, 2011).

En règle générale, la consommation d'énergie imputable au transport constitue une part relativement limitée de la consommation totale d'énergie de la chaine agroalimentaire. La production de certains produits végétaux ou animaux en des lieux où la productivité est naturellement plus élevée en raison des conditions climatiques et pédologiques peut donc quelquefois plus que compenser les économies de transport qui pourraient être réalisées si leur production était assurée localement mais avec de moindres rendements.

Diverses approches peuvent être utilisées pour réduire les émissions liées au transport et pour accroître l'efficacité énergétique. Il s'agit notamment de l'optimisation de la chaine alimentaire et d'une réduction de son intensité d'utilisation des moyens de transport ; du transfert modal ; de l'amélioration du rendement des carburants automobiles ; des technologies alternatives de réfrigération ; ainsi que de l'électrification des moyens de transport en ayant recours à une électricité sans carbone ou faiblement carbonée (Tassou et al., 2014).

L'examen de la question du transport tend à donner des indications contradictoires sur les avantages des produits alimentaires locaux. La demande croissante dont ils font l'objet repose sur un postulat fondamental, à savoir que leur production exige de moindres proportions d'énergie – et d'émissions – qu'une production à plus grande échelle et plus centralisée. Cela tient à ce que le trajet parcouru par les aliments depuis leur lieu de production au jusqu'à l'assiette du consommateur (« kilomètres-aliment ») paraît devoir être plus court et peut-être aussi à ce que la production locale est assurée dans des usines plus petites et selon des méthodes moins intensives.

Si au premier abord, se procurer le produit localement, au plus près du lieu de production (par exemple sur les marchés d'agriculteurs ou dans les épiceries locales) peut entraîner une réduction des coûts de transport et de carburant liés à la distribution, une série de facteurs d'échelle risquent d'avoir des effets antagonistes sur l'intensité et l'efficacité d'utilisation des ressources. Au cours du développement économique, des économies d'échelle sont précisément créées en réduisant au minimum l'utilisation de ressources rapportée à la valeur unitaire de la production, et donc en se conformant à l'objectif d'efficacité d'utilisation des ressources. La consommation d'aliments produits localement n'est donc pas nécessairement plus efficace d'un point de vue énergétique, surtout si elle a lieu hors saison (Edwards-Jones et al., 2008 ; Sim et al., 2007 ; DEFRA, 2008).

Pretty et al. (2005) ont comparé les coûts estimés des externalités de la production alimentaire du secteur agricole au Royaume-Uni à celui des externalités liées au transport des produits alimentaires jusqu'aux points de vente au détail puis jusqu'au domicile des consommateurs. Lorsque ces autres aspects sont pris en considération, leur évaluation du coût total des externalités liées à la consommation de produits alimentaires passe de 1.5 milliard GBP (externalités de production) à 5.2 milliards GBP (externalités de production et de livraison). Les auteurs font observer que même cette évaluation plus élevée pourrait être trop basse, étant donné qu'elle ne tient pas compte des externalités entraînées par la consommation d'énergie des transformateurs et des grossistes pour l'éclairage, la production de chaleur, la réfrigération et le transport, pas plus que de l'élimination des emballages alimentaires, de la production des aliments destinés aux animaux de compagnie, des émissions de méthane des décharges et des eaux usées, ou encore de l'énergie nécessaire à la préparation des aliments au domicile du consommateur. Le coût estimé lié au transport depuis l'exploitation jusqu'aux points de vente est de 2.3 milliards ou de 55 % plus élevé que les coûts estimés des externalités de production.

Dans leur analyse, Pretty et al. (2005) s'appuient sur une définition large des coûts externes imposés par le transport, qui englobe le coût des encombrements, des problèmes sanitaires (bruit, asthme), du changement climatique (provoqué par les gaz à effet de serre) et des dommages aux infrastructures. Par contre, Weber et Matthews (2008) concentrent leur attention sur les émissions de GES sur l'ensemble du cycle de vie liées à la production alimentaire, par rapport à la distribution à longue distance aux États-Unis. Les auteurs constatent que les produits alimentaires sont transportés sur de longues distances, la distance moyenne de livraison étant généralement de 1640 kilomètres, alors qu'il faut compter 6760 kilomètres pour la chaîne d'approvisionnement tout au long du cycle de vie. Cependant, les émissions de GES liées aux produits alimentaires sont principalement imputables à la production plutôt qu'à la distribution. Ils estiment que le transport représente au total 11 % de l'empreinte CO_2 de la consommation moyenne de produits alimentaires par les ménages aux États-Unis, contre 83 % pour la production. Les auteurs constatent également que les diverses catégories de produits alimentaires présentent des différences notables du point de vue de leur intensité en GES. Par exemple, l'intensité en GES de la viande rouge est de 150% supérieure à celle du poulet ou du poisson. Les auteurs en ont tiré pour conclusion qu'une évolution des régimes alimentaires (la consommation de poulet ou de poisson au lieu de viande rouge) peut être plus efficace que l'approvisionnement local en produits alimentaires si l'objectif est de réduire l'empreinte climatique liée à l'alimentation.

L'analyse par Saunders et Barber (2008) de l'efficacité énergétique comparée sur l'ensemble du cycle de vie des produits agricoles importés par le Royaume-Uni en provenance de Nouvelle-Zélande à ceux produits à l'intérieur du pays corrobore la conclusion auquel sont parvenus Weber et Matthews, à savoir que le transport compte pour une part relativement restreinte de l'utilisation totale d'énergie dans l'agriculture et que l'approvisionnement local en produits alimentaires n'aboutit pas nécessairement à une réduction de l'utilisation totale d'énergie et des émissions de GES. Ayant constaté que la production de viande d'agneau est plus intensive en énergie et autres intrants au Royaume-Uni qu'en Nouvelle-Zélande, ils estiment que l'utilisation d'énergie (et les émissions de GES) par tonne de produit est plus de quatre fois plus élevée pour l'agneau produit au Royaume-Uni que pour l'agneau importé de Nouvelle-Zélande (le calcul étant effectué sur la base du poids de la carcasse), bien que le transport depuis la Nouvelle-Zélande jusqu'au Royaume-Uni représente 18 % des émissions générées par le produit en provenance de Nouvelle-Zélande. Ils estiment également que les produits laitiers importés exigent deux fois moins d'énergie (et d'émissions) que ceux produits localement (le calcul étant effectué sur la base de l'extrait sec de lait). Dans le cas des pommes, l'efficacité énergétique était de 10 % plus élevée pour celles en provenance de Nouvelle-Zélande. Pour les oignons, la Nouvelle-Zélande utilisait certes légèrement plus d'énergie au stade de la production, mais le coût en énergie de leur transport était inférieur à celui de leur stockage en vue d'une consommation hors saison au Royaume-Uni.

Williams et al. (2007) ont examiné sept produits commercialisés au Royaume-Uni. Leur rapport parvenait à la conclusion que les importations de produits alimentaires en provenance de pays où la productivité est plus élevée ou dans lesquels la nécessité d'un stockage réfrigéré se fait moins sentir pourraient avoir une moindre empreinte carbone que leurs équivalents produits localement.

Ces études peuvent certes être critiquées à divers égards (leur méthodologie, les hypothèses utilisées et le manque de données précises dans certains cas), mais il paraît clair que le concept des « kilomètres-aliment » peut être remis en cause en tant que critère pour orienter les choix. Le seul fait qu'un produit soit transporté sur une longue distance du lieu de production jusqu'au lieu de consommation n'implique pas qu'il aura une plus grande empreinte environnementale que s'il était produit et consommé localement. L'impact environnemental de la production et de la consommation alimentaires est souvent difficile à déterminer et dépend autant du comportement des consommateurs que de celui des producteurs, des transformateurs et des autres acteurs du système alimentaire.

Les détaillants s'engagent à augmenter l'efficacité énergétique

Tout comme celui de la transformation de produits alimentaires, le secteur de la vente au détail s'est efforcé de réduire les émissions de carbone liées à l'utilisation d'énergie et d'améliorer l'efficacité énergétique. Par exemple, le *British Retail Consortium* (qui inclut des distributeurs de produits non alimentaires) fait savoir que, depuis 2005, les signataires de l'initiative *A Better Retailing Climate* (« un meilleur climat pour le secteur de la vente au détail ») lancée en 2008 ont : amélioré de 2 à 3 % par an leur efficacité énergétique (mesurée par la consommation d'énergie par unité de surface de plancher) ; réduit de 30 % les émissions énergétiques des bâtiments ; diminué de 55 % les émissions de GES imputables à la réfrigération dans les supermarchés ; fait baisser de 29 % les émissions de carbone liées à l'énergie associées aux livraisons aux magasins ; et ramené de 47 % à 6 % le pourcentage des déchets envoyés à la décharge (BRC, 2014).

D'ici 2020, et par rapport aux niveaux de référence de 2005, les signataires se sont engagés à réduire de 25 % le volume absolu des émissions de carbone des activités de vente au détail ; diminuer de 50 % les émissions énergétiques des bâtiments ; faire baisser de 80 % les émissions de gaz de réfrigération ; réduire de 45 % les émissions de carbone associées aux livraisons aux magasins ; et envoyer moins de 1 % de leurs déchets à la décharge. En outre, les détaillants travaillent avec leurs fournisseurs à accroître la durabilité des produits dont ils assurent la commercialisation ; et cela pourrait avoir un impact plus important que les seules économies d'énergie qui pourraient être réalisées au stade de la vente au détail, compte tenu de la puissance des détaillants au sein des chaines alimentaires modernes, et notamment de leur capacité à influencer la production ou à fabriquer des produits sous une marque de distributeur (produits vendus par les supermarchés sous leur propre marque).

... mais il n'y a pas de solution miracle pour améliorer l'efficacité énergétique

D'après le BRC (2014), les détaillants ont eu recours à un certain nombre d'innovations depuis le milieu des années 2000 en vue d'améliorer l'efficacité énergétique :

- *Activités de vente au détail* : renforcement des systèmes de suivi et de régulation de l'énergie ; et amélioration de l'efficacité de fonctionnement grâce à l'installation de portes sur les armoires frigorifiques et autres meubles réfrigérés, et à la mise en place d'un dégivrage automatique pour lutter contre le gaspillage d'énergie.
- *Utilisation d'énergie dans les bâtiments* : déploiement à plus grande échelle des technologies à basse consommation d'énergie, telles que l'éclairage par des diodes électroluminescentes (LED), expérimentation de nouvelles technologies innovantes de réfrigération, de chauffage et de ventilation et plus large recours sur le site aux sources d'énergies renouvelables telles que les chaudières à biomasse, le solaire et l'éolien.
- *Transport* : plus grande diffusion des carburants de substitution dans les flottes de véhicules, tels que le biodiesel et les carburants produits à partir de déchets, et utilisation de véhicules plus performants (y compris des tracteurs hybrides) ; mise au point de meilleurs modèles d'optimisation des itinéraires ; plus grande efficacité des activités de livraison ; et amélioration des modes de conduite.
- *Ressources humaines* : efforts de réduction de la consommation d'énergie grâce à une modification des comportements et à des programmes de sensibilisation du personnel.

Ces résultats donnent à penser que les progrès accomplis sont le résultat d'un éventail d'initiatives et de mesures disparates (dépenses d'investissement, amélioration des systèmes de suivi et de régulation, formation, etc.) visant à réduire l'utilisation d'énergie et les émissions de GES. En particulier, quelques grands principes communs paraissent avoir permis à ces entreprises d'obtenir ces gains d'efficacité :

- *Disposer de l'infrastructure nécessaire à la gestion de l'énergie.* Cela englobe des aspects tels que des responsabilités bien définies, des données robustes, un suivi permanent et une évaluation des performances. Il est à cet égard particulièrement important de fixer des objectifs et de les rendre publics. Cela crée des attentes et des responsabilités, et permet en outre de montrer que l'organisation est déterminée à concentrer durablement ses efforts sur l'amélioration de l'efficacité énergétique.
- Fixer des objectifs en matière d'innovation et de plus large déploiement des technologies et approches novatrices favorisant l'efficacité énergétique dans toute l'entreprise. Par exemple, en ce qui concerne le transport, les détaillants doivent travailler avec les constructeurs de moteurs et de véhicules en vue de tester un éventail de nouvelles technologies, afin d'assurer que les innovations efficaces par rapport aux coûts soient déployées dans toute l'entreprise. Il pourrait être indispensable d'avoir établi des objectifs en matière d'innovation et de plus large déploiement des technologies et approches novatrices dans toute l'entreprise.

- *Veiller à ce que les investissements visant à améliorer l'efficacité énergétique offrent un taux de rentabilité raisonnable.* Il est à cet égard essentiel que la très grande majorité des mesures prises pour réduire la consommation d'énergie soient justifiées par leur efficacité par rapport aux coûts. Les détaillants prévoient en outre de concentrer durablement leurs efforts sur la gestion de l'énergie, car ils anticipent que les prix de l'énergie demeureront durablement élevés.

L'efficacité énergétique ne constitue en soi qu'un aspect de la question plus large des performances des entreprises sous l'angle du changement climatique. Des conflits pourraient à l'évidence surgir entre les objectifs de croissance de l'entreprise et ceux de réduction de l'utilisation d'énergie et du volume des émissions, et les détaillants ne font souvent pas état de leurs activités ou de leurs performances pour des raisons de confidentialité. Les données disponibles suggèrent néanmoins que les entreprises pourraient obtenir des résultats remarquables si elles plaçaient explicitement l'amélioration de l'efficacité énergétique et la réduction des émissions de GES au centre de leurs préoccupations. Cependant, pour parvenir à ces résultats, il faudrait concentrer les efforts systématiquement et avec constance sur l'efficacité énergétique, en s'appuyant sur des systèmes et des procédés robustes de gestion et de contrôle.

Restauration

Les activités de restauration consomment des quantités non négligeables d'énergie

Ce secteur est d'une extrême diversité, puisqu'il regroupe aussi bien de grandes sociétés de restauration collective sous contrat, que l'industrie de la restauration rapide, les hôtels, les restaurants, et la restauration non commerciale dans des établissements tels que les écoles et les hôpitaux. Pour les plus grands groupes, les économies potentielles sont comparables à celles observées dans la transformation et la vente au détail, et elles pourraient être réalisées grâce à des systèmes plus efficaces d'éclairage, de ventilation, de cuisson et de réfrigération (Tassou et al., 2013 ; Cibse, 2009), ou encore de transport. Cependant, les évolutions des comportements sous l'angle du type d'aliments consommés, des pratiques en matière de préparation des repas, des conditions ambiantes dans les lieux de restauration et de leurs interactions avec les équipements de réfrigération et ceux de chauffage, de ventilation et de climatisation (CVC) fournissent des occasions supplémentaires de réaliser des économies d'énergie.

L'utilisation d'énergie par les établissements de restauration représente en règle générale de 4 à 6 % de leurs coûts d'exploitation. Étant donné que la marge bénéficiaire de bon nombre d'entreprises de restauration se situe dans cette fourchette, l'économie d'énergie peut directement accroître leurs revenus et leur rentabilité sans qu'il soit nécessaire d'augmenter leur chiffre d'affaires. Le *Carbon Trust* (2012) a fait valoir que de légères améliorations des performances et de l'efficacité d'utilisation des équipements permettraient de réaliser des économies d'énergie pouvant atteindre jusqu'à 20 % dans l'industrie de la restauration du Royaume-Uni, par exemple, ce qui représenterait une économie globale de 80 millions GBP par an pour l'ensemble du secteur.

Les emballages alimentaires peuvent offrir d'importantes possibilités d'amélioration de l'efficacité énergétique de la chaine agroalimentaire

La croissance de la production d'aliments transformés, prêts à consommer, ou à emporter observée ces dernières années a entraîné une augmentation de l'utilisation des emballages alimentaires (Environment Agency, 2010). Les emballages alimentaires peuvent offrir d'importantes possibilités d'amélioration de l'efficacité énergétique dans la chaine agroalimentaire et dans les entreprises alimentaires. Les détaillants et le secteur de l'emballage procèdent actuellement à des investissements non négligeables dans le domaine de l'innovation en vue de mettre au point des matériaux d'emballage respectueux de l'environnement, comme dans celui de la conception pour permettre la réduction, la réutilisation et le recyclage des emballages. La consommation d'énergie impliquée par les différents matériaux d'emballage dépend d'un certain nombre de facteurs tout au long de leur cycle de vie, dont leur poids, leur recyclabilité, leur dégradabilité, les apports d'énergie nécessaires à leur fabrication, etc.

Réduire l'utilisation d'énergie en modifiant l'emballage des produits

Aux États-Unis, la chaîne de magasins de vente au détail *Wal-Mart* s'est associée à une entreprise de boissons, *The Wine Group*, pour réduire le poids de ses bouteilles de vin de la marque *Oak Leaf* afin de réduire les coûts et le volume des déchets. D'un poids de 37 % inférieur à celui du modèle antérieur, les nouvelles bouteilles ont réduit de plus de 27 % le poids global de l'emballage. En outre, à la suite de ces modifications, le nombre de camions nécessaires pour transporter les bouteilles a été réduit de 280 unités, diminuant par la même occasion l'empreinte carbone du produit. Walmart a également pu en baisser de près de 7 % le prix de vente au détail (Packaging Digest, 2012).

Toutefois, un emballage plus léger risque d'avoir des effets négatifs sur le volume des déchets alimentaires et entraîner un gaspillage d'énergie dans d'autres parties de la chaine. Il a par exemple été constaté que les concombres enveloppés maintiennent leur fraîcheur pendant 11 jours de plus que ceux qui ne le sont pas, ce qui peut se traduire par une diminution des déchets alimentaires : d'après les estimations, 16 % des fruits et légumes emballés sont gaspillés au niveau de la vente au détail ou au domicile du consommateur, contre 32 % des produits non emballés, par exemple (FoodDrinkEurope, 2012).

Notes

1. Les exemples d'études récentes couvrent notamment les produits suivants : amandes (Kendall et al., 2015) ; lait (Mancini, 2011 ; Ramirez, Patel et Blok, 2006a), parmesan (Mancini, 2011), viande (Fritzson et Berntsson, 2006 ; Mancini, 2011 ; Ramirez, Patel et Blok, 2006b), pâtes (Mancini, 2011), patisseries (Kannan et Boie, 2003), riz (Mancini, 2011) et jus d'orange naturel (Mancini, 2011).

2. En France, par exemple, le transport des produits alimentaires représente environ 28.8% de l'utilisation totale de transports par l'industrie en kilomètres par tonne, tandis qu'au Royaume-Uni il compterait, d'après les estimations, pour 25 % du nombre total de kilomètres parcourus par les poids-lourds (CIAA, 2008).

Bibliographie

British Retail Consortium (BRC) (2014), *A Better Retailing Climate: Driving Resource Efficiency*, www.brc.org.uk/retailingclimate.

British Sugar (2010), *2009-10 Corporate Sustainability Report*, Peterborough, British Sugar, www.britishsugar.co.uk/Files/British-Sugar-Sustainability-Report-NAVIGABLE_2(2).aspx.

Campden BRI (2011), « Scientific and Technical Needs of the Food and Drink Industry », Campden BRI, Chipping Campden, Gloucestershire, www.campden.co.uk.

Carbon Trust (2015), « Energy efficiency and carbon saving advice for the food and drink sector », www.carbontrust.com/resources/guides/sector-based-advice/food-and-drink.

Carbon Trust (2012), Food Preparation and Catering, www.carbontrust.com/media/138492/j7895_ctv066_food_prep_and_catering_03.pdf.

Carbon Trust (2011), Heat Recovery, www.carbontrust.com/resources/guides/energy-efficiency/heat-recovery.

Chartered Institution of Building Service Engineers (CIBSE) (2009), *Energy Efficiency in Commercial Kitchens*, Cibse, Londres, Royaume-Uni, TM50.

Commission européenne (CE) (2015), « Study on Energy efficiency and Energy Saving Potential in Industry and on Possible Policy Mechanisms », document préparé par ICF Consulting Ltd. pour la DG Énergie de la Commission européenne, https://ec.europa.eu/energy/sites/ener/files/documents/151201%20DG%20ENER%20Industrial%20EE%20study%20-%20final%20report_clean_stc.pdf .

Confédération des industries agro-alimentaires de l'Union européenne (CIAA) (2008), *Managing Environmental Sustainability in the Food and Drink Industry*, Bruxelles.

Department for Environment, Food and Rural Affairs (DEFRA) (2013), *Food Statistics Pocketbook 2013*, Londres, Royaume-Uni.

DEFRA (2008), *Comparative Life Cycle Assessment of Food Commodities Procured for UK Consumption through a Diversity of Supply Chains*, research undertaken for Defra by AEA, ADAS, Ed Moorhouse, Paul Watkiss Associates, AHDBM, Marintek, Defra project FO0103, 2008.

DEFRA (2007), *Direct Energy Use in Agriculture: Opportunities for Reducing Fossil Fuel Inputs - Final Report*, randd.defra.gov.uk/Document.aspx?Document=AC0401_6343_FRP.pdf

Edwards-Jones, G. et al. (2008), « Testing the assertion that "local food is best": the challenges of an evidence-based approach », *Trends in Food Science & Technology*, vol. 19, pp. 265–274.

Environment Agency (2010), National Packaging Waste Database, https://npwd.environment-agency.gov.uk/Public/PublicSummaryData.aspx.

Federated Farmers of New Zealand (2015), www.fedfarm.org.nz/publications/Papers/.

FoodDrinkEurope (2012), *Environmental Sustainability Vision Towards 2030*, http://sustainability.fooddrinkeurope.eu/uploads/section-images/USE_SustainabilityReport_LDFINAL_11.6.2012.pdf.

Food and Drink Federation (FDF) (2010), « Our recipe for change », www.fdf.org.uk/health_wellbeing/fdf_recipe_for_change.aspx.

Fritzson, A. et T. Berntsson (2006), « Energy efficiency in the slaughter and meat processing industry - opportunities for improvements in future energy markets », *Journal of Food Engineering*, vol. 77.

Helgerud, H. et M. Sandbakk (2009), *Energy Efficiency in the Food and Drink Industry: The Road to Benchmarks of Excellence*, ECEEE Summer Study 2009, European Council for an Energy-Efficient Economy, www.eceee.org/library/conference_proceedings/eceee_Summer_Studies/2009/Panel_5/5.100/paper.

James, S. et C. James (2011), Improving Energy Efficiency within the Food Cold-Chain, ICEF11, International Congress on Engineering and Food, Athènes, Grèce, www.icef11.org/content/papers/fpd/FPD649.pdf.

Kaye, L. (2013), « Waste Heat Recovery: Getting Something Back », TriplePundit, www.triplepundit.com/2013/04/waste-heat-recovery.

Kellogg (2014), *Kellog's Corporate Responsibility Report 2014*, www.kelloggcompany.com/content/dam/kelloggcompanyus/corporate_responsibility/pdf/2014/Kelloggs_CR R_2014_Environment.pdf.

Lansink, A., E. van Ierland et G. Best (2003), *Economics of Sustainable Energy in Agriculture: issues and Scope*, dans Ierland E. et A.Lansink (dir. pub.), *Economics of Sustainable Energy in Agriculture,* chap. 1.

Mancini, L. (2011), « Food habits and environmental impact: an assessment of the natural resource demand in three agri-food systems », Universitá Politecnica delle Marche, Ancône, Italie, 2011.

Monforti-Ferrario, F. et al. (2015), *Energy use in the EU food sector: State of play and opportunities for improvement*, Commission européenne, Centre commun de recherche, Bruxelles, Belgique.

Nitzov, B. (2011), « Energy in food – Issues Brief », *Atlantic Council*, www.acus.org/publication/energy-food.

Organisation des Nations Unies pour l'alimentation et l'agriculture (FAO) (2011), *Aliments « énergétiquement intelligents » pour les gens et le climat – Brève analyse*, Rome, www.fao.org/3/a-i2454f.pdf.

Packaging Digest (2012), « Walmart highlights sustainability efforts », mars 2012, www.packagingdigest.com/smart-packaging/walmart-highlights-sustainability-efforts.

Pimentel, D. et al. (2008), « Reducing Energy Inputs in the US Food System », *Human Ecology*, vol. 36, n° 4.

Pretty, J. et al. (2005), « Farm Costs and Food Miles: An Assessment of the Full Cost of the UK Weekly Food Basket », *Food Policy*, vol. 31, pp. 1-19.

Ramírez, C., M. Patel et K. Blok (2006), « How much energy to process one pound of meat? A comparison of energy use and specific energy consumption in the meat industry of four European countries », *Energy*, vol. 31, pp. 2047-2063.

Saunders, C. et A. Barber (2008), « Carbon Footprints, Life Cycle Analysis, Food Miles: Global Trends and Market Issues », *Political Science*, vol. 60, n° 1.

Sim, S. et al. (2007), « The Relative Importance of Transport in Determining an Appropriate Sustainability Strategy for Food Sourcing », *Int J LCA* , vol. 12, n° 6.

Tassou, S. et al. (2011), « Energy consumption and conservation in food retailing », *Applied Thermal Engineering*, vol. 31, n° 2-3.

Wang, L. (2009), « Energy Efficiency and Management in Food Processing Facilities », CRC Press.

Weber, C. et H. Matthews (2008), « Food-miles and the relative climate impacts of food choices in the United States », *Environmental Science and Technology*, vol. 42, pp. 3508-3513.

Williams, A., E. Audsley et D. Sandars (2006), *Final report to DEFRA on project IS0205: Determining the environmental burdens and resource use in the production of agricultural and horticultural commodities*, Londres.

Annexe 3A.1

Mesures prises par FoodDrinkEurope pour réduire les émissions

Le rapport sur la durabilité environnementale publié en 2012 par FoodDrinkEurope, association professionnelle de l'industrie européenne de l'alimentation et des boissons, a mis en lumière plusieurs des évolutions qui se sont déjà produites ces dernières années et proposé quelques modifications qui pourraient améliorer l'efficacité énergétique et réduire les émissions futures :

- La Fédération allemande des industries de l'alimentation et des boissons a mis en place un « programme d'amélioration de l'efficacité énergétique dans l'industrie de l'alimentation et des boissons ». Ses membres ont établi différents plans d'action visant à réduire la consommation d'énergie et à améliorer l'efficacité énergétique. Depuis 2008, les 200 entreprises du secteur de l'alimentation et des boissons qui y ont participé ont montré que les mesures organisationnelles peuvent entraîner une réduction des coûts énergétiques représentant jusqu'à 20 % au prix d'un effort minimal.
- La Fédération britannique de l'alimentation et des boissons (FDF) s'est engagée à contribuer collectivement à lutter contre le changement climatique en assurant une réduction absolue des émissions de carbone de 20 % dès 2010 et de 35 % dès 2020 par rapport à leur niveau de référence de 1990. Dès 2010, les membres de la FDF avaient réduit leurs émissions de 25 % par rapport au niveau de référence de 1990.
- Le secteur de l'alimentation et des boissons a signé les Accords à long terme (ALT) sur l'efficacité énergétique conclus entre le gouvernement et l'industrie dans certains États membres de l'UE tels que les Pays-Bas et la Finlande.
- L'industrie européenne de l'alimentation et des boissons a mis en place des pratiques visant à valoriser à 100 % ses matières premières agricoles en soumettant à un traitement biologique les déchets issus de la transformation de denrées alimentaires, réduisant ainsi sa dépendance à l'égard des combustibles fossiles.
- L'usine Kellogg de Manchester, au Royaume-Uni, possède une centrale de production combinée de chaleur et d'électricité (PCCE) d'une puissance de 4.9 MWe (mégawatts électriques) qui couvre 85 % de la demande actuelle de vapeur de l'usine et environ 50 % de ses besoins en électricité. Cette centrale a permis de réduire les émissions de CO_2 d'environ 12 % par an.
- Un grand nombre d'initiatives individuelles et collectives visant à réduire les déchets grâce à une utilisation optimale des sous-produits (par exemple pour l'alimentation des animaux, ou pour la production de lubrifiants, de produits pharmaceutiques et de bioénergie). À titre d'exemple, Kraft, Nestlé et Unilever utilisent du marc de café et d'autres déchets pour produire de l'énergie, tandis que les membres de la Fédération britannique des industries de l'alimentation et des boissons ont pris l'engagement de n'envoyer à la décharge aucun déchet alimentaire ou d'emballage, grâce à leur recyclage et à leur valorisation (un taux de 90 % a déjà été atteint).
- Une optimisation des emballages est assurée grâce à divers mécanismes tels que la réduction de l'épaisseur et du poids des récipients en métal, en verre et en plastique. Kraft Foods n'emballe plus dans des boîtes en carton ondulé les produits destinés à entrer dans la composition de ses

assortiments, mais dans des caisses rigides réutilisables. Les gains d'efficacité qui en résultent sur le plan du stockage permettent à la société de mieux entreposer sur place les produits non finis, réduisant ainsi la nécessité de les transporter par la route jusqu'à un site de stockage extérieur. Ces caisses réutilisables ont une durée de vie utile de cinq à dix ans et leurs fournisseurs garantissent leur recyclage au terme de leur vie utile.

- Les diverses initiatives visant à réduire l'impact des transports en termes d'émissions ont favorisé une meilleure planification et le renouvellement du parc de camions au profit de modèles plus performants, ou encore un transfert vers des modes de transport ayant moins d'impacts, par voie maritime ou par péniche, par exemple, si une telle option peut être mise en œuvre.

Chapitre 4

Mesures transversales visant à améliorer l'efficacité énergétique de la chaine alimentaire

Les acteurs de la chaine agroalimentaire – exploitants agricoles, transformateurs, détaillants, distributeurs – sont d'une grande diversité du point de vue de leur taille, du capital dont elles disposent, de leurs activités et des technologies mises en œuvre, mais ils ont tous besoin d'énergie pour assurer le fonctionnement des machines, l'éclairage, le chauffage, la ventilation et la climatisation (CVC), ainsi que la gestion de l'eau et des déchets. Le présent chapitre examine en premier lieu le rôle des consommateurs dans l'utilisation d'énergie et dans l'amélioration de l'efficacité énergétique de la chaine alimentaire. Il passe ensuite en revue quelques mesures d'amélioration de l'efficacité énergétique généralement applicables à tous les stades de la chaine alimentaire – qu'il s'agisse de changements opérationnels relativement peu coûteux ou de mesures plus ambitieuses exigeant davantage d'investissements. Il élargit enfin le champ d'analyse pour prendre aussi bien en considération les mesures d'économies d'énergie que les investissements visant à réduire les déchets et la consommation d'eau et à convertir les déchets en énergie, qui offrent potentiellement des avantages sur tous les plans et permettent de réduire tant la consommation de combustibles fossiles de la chaine alimentaire que la production de déchets, ainsi que les émissions de GES.

Le rôle des consommateurs dans l'amélioration de l'efficacité énergétique

Les choix de mode de vie constituent les principaux déterminants de l'utilisation d'énergie dans la consommation alimentaire

Dans le cadre la chaine alimentaire, les ménages procèdent à l'achat des produits alimentaires, à leur stockage, à leur manutention, à leur préparation au domicile, et à l'élimination des déchets qui en sont issus. Cela soulève inévitablement la question de leurs choix de mode de vie, y compris leurs décisions concernant la consommation de viande ou le recyclage des déchets alimentaires.

Les données quantitatives sur l'efficacité énergétique au niveau des ménages sont limitées. Pour ce qui est des États-Unis, des études ont constaté que le stockage et la préparation des denrées alimentaires par les ménages constituent les opérations les plus énergivores au sein de la chaine alimentaire. Elles comptent en effet pour un tiers environ de la consommation totale d'énergie de la chaine alimentaire. (Canning et al., 2017; Heller et Keoleian, 2000 ; Canning et al., 2010). Capareda et al. (2010) ont constaté que la demande de commodité des consommateurs – qui s'exprime en particulier par la consommation d'une plus grande quantité d'aliments préparés et par une augmentation du nombre de repas pris à l'extérieur du domicile, deux options entraînant une plus grande utilisation d'énergie – constitue la principale raison de l'augmentation de la consommation d'énergie dans le secteur agroalimentaire. Ils estiment dans leur étude estime que la consommation d'énergie des réfrigérateurs, congélateurs, cuisinières et autres lave-vaisselle augmentera de 12 % entre 2009 et 2030. Dans le même temps, d'après les prévisions, la population des États-Unis s'accroîtra de 22 %, ce qui suppose une efficacité grandissante des équipements ménagers. Cependant, aux États-Unis, la consommation d'électricité est prépondérante à ce stade de la chaine alimentaire, alors que les ressources énergétiques fossiles occupent une place dominante lors de la production agricole et du transport.

Au niveau des ménages, les options favorisant l'efficacité énergétique incluent : i) une utilisation optimale des équipements ménagers (électricité et autres combustibles utilisés pour la cuisson, le nettoyage, ou le stockage des aliments, par exemple) ; ii) une réduction de la consommation de carburant pour les déplacements personnels aux fins de consommation alimentaire ; iii) la prise en compte, lors de l'achat des équipements de préparation des aliments, de la quantité d'énergie qui leur a été incorporée tout au long de leur processus de production ; et iv) la réduction au minimum des déchets alimentaires ménagers.

Du côté de la demande, le prix relatif de l'énergie constitue le principal moteur de l'amélioration de l'efficacité énergétique. L'utilisation d'énergie par unité de production augmente à mesure que le prix de l'énergie diminue par rapport à celui du capital et du travail, et *vice versa*. Une hausse des prix de l'énergie accroît l'écart entre les produits énergivores et ceux sobres en énergie, et elle favorise donc la consommation de ces derniers. Cependant, divers autres facteurs influent sur les possibilités de réduction de la consommation d'énergie du côté de la demande, dont la population totale, les disponibilités alimentaires par habitant, la composition par produits de ces disponibilités alimentaires, ainsi que l'intensité énergétique des technologies de production mises en œuvre dans le système alimentaire (Canning et al., 2017).

La réduction des déchets alimentaires offre également de considérables possibilités d'économies d'énergie. Le comportement des consommateurs pourrait être modifié en favorisant une prise de conscience des déchets alimentaires par l'éducation et au travers des programmes sociaux généraux. Les innovations dans le domaine de l'emballage et diverses mesures prises par les pouvoirs publics, telles que l'amélioration de l'étiquetage, pourraient favoriser un changement des comportements et permettre de réduire les déchets alimentaires.

D'importantes réductions de la demande d'énergie dans le cadre des approvisionnements alimentaires pourraient, en théorie, être obtenues par une réorientation de l'alimentation humaine faisant une moindre place aux produits animaux, dont la production exige généralement davantage de ressources que celle des produits végétaux[1]. Encore faut-il que ce soit socialement acceptable. En réalité, c'est un mouvement contraire que l'on constate, en particulier en Asie, où les catégories à revenu intermédiaire ou supérieur tendent à évoluer vers un régime plus proche de l'occidental, avec une plus forte proportion de protéines animales par habitant.

De manière générale, les politiques qui encouragent l'étiquetage des aliments, favorisent le changement d'alimentation, luttent contre l'obésité, et évitent les gaspillages alimentaires peuvent contribuer, à un coût relativement bas, à réduire la demande d'énergie du secteur agroalimentaire. Cependant, l'acceptation sociale de ces politiques pourrait être un obstacle à leur mise en œuvre.

La réduction du gaspillage à tous les stades de la chaîne d'approvisionnement offre des avantages sur tous les plans

Les pertes et les déchets alimentaires constituent l'une des principales sources de gaspillage de l'énergie dans la chaîne d'approvisionnement alimentaire : d'après les estimations, entre un tiers et la moitié de la production alimentaire totale à l'échelle mondiale (jusqu'à 2 milliards de tonnes d'aliments) est perdue ou gaspillée (FAO, 2011)[2].

Le problème des déchets alimentaires ne se limite pas aux seuls pays en développement : dans le cas des États-Unis, une étude suggère que pas moins de 40 à 50 % des denrées alimentaires prêtes à être récoltées ne sont pas consommées et que les ménages américains jettent en moyenne 14 % de leurs achats alimentaires (Jones, 2006). Kader (2005) estime que plus de 30 % des produits frais (fruits et légumes) récoltés dans les pays développés et ceux en développement sont perdus, le taux le plus élevé (20 %) étant observé au niveau de la vente au détail, de la restauration et du consommateur, tandis que dans les pays en développement le taux le plus élevé est associé au système de distribution, depuis l'exploitation jusqu'au point de vente au détail (22 %).

L'étude du *World Business Council for Sustainable Development* (WBCSD) estime qu'un rééquilibrage de la consommation au niveau du détaillant et du consommateur dans les pays à revenu intermédiaire pourrait réduire de 10 % la demande de produits alimentaires, entraînant des économies de 8 % dans l'ensemble de la chaine alimentaire (WBCSD, 2015). Aux États-Unis, une réduction des pertes alimentaires ne serait-ce que de 15 % offrirait suffisamment de disponibilités alimentaires pour nourrir chaque année plus de 25 millions d'Américains à un moment où un citoyen sur six se trouve en situation d'insécurité alimentaire (Gunders, 2012). Les experts soulignent que ces pertes alimentaires tiennent principalement au déséquilibre entre l'offre et la demande, à une mauvaise planification des achats et au fait qu'une partie des aliments n'est pas consommée après cuisson.

L'UE-28 produit environ 88 millions de tonnes de déchets alimentaires chaque année, ce qui représente un coût estimé à 143 milliards EUR. Pour 70 %, ces déchets sont produits par les consommateurs, par le secteur de la vente au détail et par celui de la restauration, tandis que 30 % sont générés par les secteurs de la production et de la transformation (Gassin, 2016)[3]. En France, une étude de l'Agence de l'environnement et de la maîtrise de l'énergie (ADEME) a estimé à dix millions de tonnes par an la quantité de produits alimentaires perdue ou gaspillée dans l'ensemble de la chaine alimentaire à l'échelle nationale, ce qui représente une valeur économique de 16 milliards EUR et des émissions de GES supérieures à 15 millions de tonnes d'équivalent-CO_2 (Vernier, 2016). Au Royaume-Uni, le programme d'action britannique « déchets et ressources » (*Waste and Resources Action Programme* – WRAP) a estimé à environ 10 millions de tonnes par an la quantité de produits alimentaires gaspillés, soit l'équivalent de 20 milliards EUR par an (Rogers, 2016). La plus grande partie de la production de déchets alimentaires au sein de la chaine interviendrait, semble-t-il, au niveau de la transformation et à celui du consommateur.

Beaucoup de produits alimentaires sont très périssables, et la production de déchets a lieu à tous les stades de la chaine alimentaire : dans le cadre des activités agricoles, principalement lors de la récolte et du stockage ; au cours du processus de transformation, du fait de l'inadéquation entre les achats et les besoins ; et au niveau de la vente au détail, en raison des produits restés invendus une fois atteinte la date limite de vente. Les consommateurs sont quant à eux responsables de la perte d'une part non négligeable de produits périssables, notamment des salades vertes.

La production de déchets a également lieu à l'extérieur de l'exploitation, du fait de la dégradation des produits au cours du transport et du stockage et lors de leur manutention par les détaillants et par les entreprises du secteur de la restauration. Les entreprises investissent dans les installations et les technologies de stockage et de manutention afin de réduire les pertes – comme en témoigne la diffusion des équipements de réfrigération et des entrepôts frigorifiques – car elles ont inévitablement un impact sur la rentabilité. Elles ont également recours à des emballages spécifiquement conçus pour protéger les produits alimentaires contre d'éventuels dommages. Les innovations de ce type impliquent potentiellement des arbitrages, non seulement du fait de la probable augmentation de l'utilisation d'énergie qu'elles entraînent au sein de la chaine alimentaire, mais aussi du fait que, à moins d'être recyclé, l'emballage risque d'être lui-même à l'origine d'autres formes de déchets.

La réduction des déchets alimentaires ouvre de vastes perspectives d'amélioration de l'efficacité d'utilisation des ressources et de réalisation d'économies d'énergie[4]. D'après une estimation, l'énergie incorporée dans ces déchets alimentaires représente aux États-Unis l'équivalent de 2 % de la consommation totale d'énergie – soit à peu près l'équivalent de la consommation d'énergie de l'ensemble du secteur agricole (Cuéllar et Webber, 2010). Mehlhart et al. (2016) indiquent que les économies d'énergie potentielles associées à la prévention des déchets alimentaires au sein de l'UE-28 représentent au total de 1.02 exajoule (EJ) à 2.34 EJ par an, soit de 2 % à 4 % de la demande globale d'énergie primaire dans l'UE-28. Il s'ensuivrait une réduction des émissions de GES d'environ 290 Mt d'équivalent de dioxyde de carbone. Ce potentiel inexploité tient principalement au mode de vie et au comportement des consommateurs plutôt qu'à un manque de diffusion des nouvelles technologies ou des nouveaux produits disponibles sur le marché.

La consommation d'énergie liée aux déchets produits par la chaine alimentaire peut essentiellement être réduite grâce à une amélioration des technologies mises en œuvre, des cadres juridiques en vigueur, ainsi que des comportements de consommation, ainsi qu'à une augmentation de la réutilisation, du recyclage et du recours aux technologies de conversion énergétique à tous les stades de la chaine.

Pour accroître la productivité du système alimentaire tout en assurant sa durabilité, les parties prenantes devront tenir compte du cycle de vie des produits et les pouvoirs publics auront quant à eux à chercher les moyens de promouvoir une utilisation efficace de l'énergie et une réduction au minimum des déchets alimentaires. Ce processus est déjà amorcé (par exemple, les distributeurs de certains pays de l'OCDE ont commencé à réduire la quantité d'emballages plastiques qu'ils utilisent).

Diverses initiatives visent à promouvoir le recyclage des matériaux d'emballage. Du côté de l'offre, bon nombre d'initiatives visent à créer des réseaux, des plateformes ou des partenariats auxquels sont invités à participer les industriels et autres parties prenantes. La pression de l'opinion publique en faveur d'une réduction des atteintes à l'environnement peut également être un facteur important dans cette évolution.

Les pouvoirs publics peuvent accompagner le mouvement en prenant des mesures classiques telles que le financement de la recherche, des actions d'éducation, l'organisation de démonstrations des technologies vertes, mais aussi en modifiant les réglementations existantes (notamment celles relatives aux normes de produits, ou à l'utilisation des déchets pour nourrir les animaux d'élevage), afin de promouvoir une augmentation de l'efficacité d'utilisation de l'énergie. Ils peuvent également favoriser la diffusion de nouvelles utilisations des « déchets » au sein du système (telles que leur compostage pour l'élaboration de produits d'amendement des sols, ou leur utilisation pour la production de bioénergies). Du côté de la demande, les approches telles que les marchés publics écologiques bénéficient aussi d'un regain d'attention, à mesure que les pouvoirs publics constatent que le principal frein à l'éco-innovation tient à l'insuffisance du développement de certains marchés.

L'OCDE a largement examiné la question des déchets alimentaires, en particulier dans les documents et les débats de la 8e réunion du Réseau de l'OCDE pour l'analyse de la chaine alimentaire, sur la réduction des pertes et déchets alimentaires (*OECD Food Chain Analysis Network on Reducing Food Loss and Waste in Retail and Processing*), tenue les 23 et 24 juin 2016 (www.oecd.org/site/agrfcn/meetings/8th-oecd-food-chain-analysis-network-meeting-june-2016.htm), comme dans ceux de sa 4e réunion sur les déchets alimentaires dans l'ensemble de la chaine alimentaire (*OECD Food Chain Analysis Network Food Waste*

Along the Supply Chain), tenue les 20 et 21 juin 2013 (www.oecd.org/site/agrfcn/4thmeeting20-21june2013.htm). Un document du BIAC (2013) souligne que la réduction des déchets alimentaires constitue pour l'industrie une autre option « gagnant-gagnant », puisqu'elle implique une réduction des coûts et l'obtention de gains de productivité pour l'industrie et une diminution des impacts (sur le changement climatique, au niveau des décharges, etc.) pour la collectivité.

La réduction au minimum les déchets, une source de revenus[5]

Certaines pertes sont inévitables, mais la production de déchets à chacun des stades de la chaine alimentaire est trop importante. Le gaspillage de denrées alimentaires entraîne également le gaspillage de la totalité de l'énergie grise et des autres ressources utilisées pour les produire. L'élimination de ces déchets implique elle-même l'utilisation d'énergie et pose des problèmes majeurs aux entreprises alimentaires, tant d'ordre économique que logistique. Les coûts croissants d'élimination des déchets ont considérablement alourdi les coûts de production de la chaine alimentaire ces dernières années (Wang, 2009).

Compte tenu des coûts d'élimination des déchets, ceux-ci sont de plus en plus considérés par les industries comme des ressources dont peuvent être tirés des revenus. Lorsqu'ils ne peuvent éviter la production des déchets à la source, les producteurs d'aliments et de boissons, par exemple, utilisent souvent les sous-produits non seulement à des fins d'alimentation humaine mais aussi comme une source de nourriture pour les animaux, d'engrais, de cosmétiques, de lubrifiants ou de substances pharmaceutiques, et, avant tout, d'énergie[6].

Amélioration de l'efficacité énergétique dans le secteur coréen de l'horticulture sous serre grâce au recyclage des rejets thermiques

Depuis 2015, la Corée considère les rejets thermiques des centrales électriques, de même que ceux d'autres sources, comme une énergie renouvelable pouvant bénéficier d'une aide financière publique, étant donné que l'utilisation de ces rejets thermiques au lieu de diesel réduit de 80 % les coûts de chauffage des serres dans le pays. Le ministère de l'Agriculture, de l'Alimentation et des Affaires rurales (MAFRA) a lancé un programme d'information publique pour promouvoir cette technologie, en diffusant notamment sur le site Internet de l'Administration du développement rural (qui est une agence apparentée) les informations nécessaires aux administrations locales et aux agriculteurs pour tirer parti de ces rejets thermiques. Un document intitulé « cartographie des rejets thermiques industriels et modèles d'utilisation » indiquait la situation géographique des sources de chaleur, la puissance appropriée en fonction de la surface de serre à chauffer, ainsi que les caractéristiques de base des divers modèles de chauffage. Ces informations ont également été diffusées sous la forme d'un guide distribué à certains centres technologiques des villes et des provinces. Sur la base de ces informations, un exploitant agricole, l'administration locale, et une centrale électrique peuvent élaborer et soumettre conjointement une idée de projet au ministère, lequel choisit ensuite pour chaque région un modèle de projet approprié et lui apporte un soutien sous la forme d'une subvention et/ou d'un prêt.

Les déchets solides générés par la transformation des fruits et légumes sont fréquemment séchés, convertis en macrogranulés, et vendus en tant que produits d'alimentation des animaux de faible valeur. Cependant, comme précédemment mentionné, la production d'aliments pour animaux à partir de déchets solides hétérogènes consomme de grandes quantités d'énergie (Wang, 2009). De plus, dans le cas de la production d'aliments pour animaux ou d'engrais à partir de déchets d'abattoir, en particulier, les conditions minimales imposées par l'UE concernant la durée (et la température) de chauffage à laquelle doivent être soumises ces viandes afin de réduire le risque de transmission de maladies au travers des aliments ont également une incidence sur l'utilisation d'énergie. Dans d'autres cas, les règlements en matière de sécurité des aliments peuvent interdire la réutilisation des déchets alimentaires d'origine animale, qui sont par conséquent envoyés à la décharge (Salminen et Rintala, 2002).

Les exploitations agricoles produisent également des quantités non négligeables de déchets. Cependant, la production de déchets d'une seule exploitation n'est généralement pas suffisante pour justifier un quelconque traitement. Néanmoins, si un certain nombre d'exploitations ont la volonté et la capacité de coopérer, des quantités suffisantes de déchets pourraient être réunies en vue de leur recyclage ou d'une autre utilisation utile, comme leur conversion en énergie, malgré les coûts de transport supplémentaires que cela implique (DEFRA, 2007).

Les consommateurs des pays à revenu supérieur sont à l'origine d'une part non négligeable des déchets produits au sein du système alimentaire

Le comportement des consommateurs est également un important déterminant de la production de déchets alimentaires. En effet, les données disponibles suggèrent que, dans les pays industrialisés, une bonne partie de la production de déchets alimentaires est en fait imputable aux consommateurs eux-mêmes, et non à l'industrie alimentaire (FAO, 2011). Selon l'Agence pour la protection de l'environnement des États-Unis (EPA), les déchets alimentaires constituent la principale catégorie de déchets solides municipaux aboutissant dans les décharges et dans les incinérateurs, alors que, d'après le programme WRAP, près de la moitié de l'ensemble des déchets alimentaires sont produits par les ménages, et sur cette part plus de 60 % pourraient être évités (BIAC, 2013).

Au Royaume-Uni, par exemple, les ménages comptent pour environ 50 % de la production totale de déchets alimentaires (WRAP, 2012). De même, en Suisse, les pouvoirs publics ont estimé l'ampleur de la perte à un tiers de l'ensemble des denrées alimentaires, dont 50 % au niveau du consommateur et 30 % au stade de la transformation, tandis que le processus de production et la vente au détail génèrent quant à eux moins de déchets. Les pouvoirs publics ont principalement axé leurs efforts sur la sensibilisation et sur le dialogue avec les parties prenantes, qui a abouti à la décision conjointe des autorités et des détaillants de modifier l'étiquetage des produits alimentaires frais, les dates limites de vente et de consommation étant remplacées par la mention « à consommer de préférence avant... », ce qui a eu un considérable impact positif sur la production de déchets par les consommateurs.

Plusieurs raisons expliquent pourquoi les consommateurs peuvent être à l'origine d'un volume non négligeable de déchets alimentaires dans les pays à revenu supérieur (Blandford, 2013). Tout d'abord, l'aisance permet aux consommateurs de procéder à des achats alimentaires de précaution – et de faire davantage de réserves qu'il ne serait peut-être nécessaire. Par ailleurs, les effets de ce premier facteur peuvent être amplifiés par la réaction du consommateur face à la mention d'une date limite de vente ou de consommation sur l'emballage. L'indication d'une date sur les produits est utilisée par les fournisseurs et les détaillants pour faciliter la gestion des stocks et pour s'assurer que les produits sont mis aussi vite que possible à la disposition du consommateur. Les dates limites de vente fournissent une indication du délai dans lequel un produit doit être consommé si l'on veut bénéficier de son plus haut degré de qualité, mais cela ne signifie pas que sa consommation après cette date présente un danger. La mention d'une date limite de consommation indique plus explicitement qu'il peut être dangereux de consommer le produit après la date en question. En dernier lieu, les consommateurs peuvent être influencés par les économies d'échelle lorsqu'ils prennent leurs décisions d'achat – soit parce qu'ils bénéficient de prix à l'unité plus bas s'ils achètent plusieurs unités d'un même produit, ou parce qu'ils choisissent d'acheter en grandes quantités afin de passer moins de temps à faire leurs courses.

Pour réduire ces déchets, il est essentiel d'adapter et/ou de modifier le comportement des consommateurs (BIAC, 2013). Les campagnes de sensibilisation des consommateurs constituent un moyen efficace et de plus en plus utilisé par les industriels et les détaillants de l'alimentaire pour limiter la production de déchets alimentaires par les ménages (BIAC, 2013). Néanmoins, contrairement à ce qui est le cas pour les mesures axées sur la production, les données disponibles sur les coûts ou sur l'efficacité des interventions visant à agir sur le comportement des consommateurs sont relativement rares.

Les consommateurs peuvent être incités à accroître l'efficacité-coût de leur consommation alimentaire et à réduire la quantité de déchets alimentaires en cas de hausse des prix alimentaires ou de baisse de leurs revenus. Par exemple, une étude sur les déchets alimentaires (et de boissons) des ménages au Royaume-Uni estime qu'ils ont diminué de 13 %, soit plus d'un million de tonnes entre 2006/07 et 2010 (WRAP, 2012). Elle est parvenue à la conclusion que les modifications apportées aux produits, aux emballages et au mode de collecte des déchets ont certes contribué à cette baisse, mais que l'évolution des comportements d'achat des consommateurs, en particulier à la suite de hausses des prix alimentaires, a également été un facteur important. La diminution des déchets alimentaires observée par cette étude s'est traduite par une réduction d'environ 2.5 milliards GBP par an des dépenses alimentaires des consommateurs.

La conversion des déchets alimentaires en énergie prend de l'ampleur

La conversion en énergie des déchets alimentaires – tels que les résidus de récolte, dont le son, l'enveloppe, et la bagasse ; et les déchets de transformation, dont les coquilles de noix, les balles de riz, les résidus de transformation des viandes, le lactosérum des fromages, les huiles, les matières grasses, et les eaux usées – constitue une pratique de plus en plus répandue dans les entreprises de la chaine agroalimentaire, ce qui leur permet dans certains cas de réaliser des économies non négligeables, sous la forme d'une baisse de leurs coûts d'élimination des déchets et d'une diminution de leurs achats d'énergie. Aussi l'intégration des processus de conversion d'énergie dans les installations de transformation des produits alimentaires, par exemple, est-elle considérée comme un important facteur de rentabilité économique, outre ses avantages environnementaux (Wang, 2009).

Cependant, en France, l'Association technique du commerce et de la distribution (PERIFEM) a entrepris un certain nombre d'études sur les initiatives de valorisation des déchets alimentaires dans le secteur français de la vente au détail et est parvenue à la conclusion que le potentiel énergétique des biodéchets s'avère assez faible (Gillier, 2016). Le marché de la transformation des biodéchets serait par ailleurs très peu développé, et le coût du tri et de la transformation des biodéchets dans le respect des règles de sécurité et des autres réglementations – telles que la loi française « Grenelle II », qui exige que les gros producteurs de déchets principalement composés de biodéchets procèdent à un tri à la source – serait très élevé. Un cadre réglementaire en constante évolution et un manque de cohérence entre les réglementations d'environnement, d'hygiène et de traitement des déchets apparaissaient également comme des obstacles à une bonne gestion des déchets.

L'utilisation des déchets alimentaires en tant que source de combustible peut également s'avérer difficile en raison de la variabilité des caractéristiques et des propriétés des différents flux de déchets ; des règlements régissant la réutilisation de certains déchets d'origine animale ; ainsi que du fait que les déchets doivent être préparés, stockés, et transportés jusqu'au lieu de leur conversion en énergie avant de pouvoir être utilisés pour produire de l'électricité ou de la chaleur, chacune de ces opérations constituant autant de facteurs d'augmentation des coûts, énergétiques notamment (EPA, 2007). Des analyses approfondies sont donc nécessaires, tant sur le plan technique que sur celui des coûts, pour s'assurer de la faisabilité et de la rationalité économique des procédés de conversion en énergie des différents types de déchets alimentaires (Wang, 2009). Bien que le choix d'un procédé approprié dépende des caractéristiques des déchets, des quantités disponibles, de l'efficacité de leur conversion en énergie, de la demande d'énergie du marché, ainsi que de sa faisabilité économique, c'est le plus souvent la forme d'énergie nécessaire qui détermine le procédé de conversion choisi (Wang, 2009).

Du bioéthanol et du biodiesel ont par exemple été produits à des fins commerciales en tant que substituts de l'essence et du diesel d'origine fossile, respectivement. Dans le même temps, l'huile liquide produite par pyrolyse peut être adaptée à une utilisation dans les moteurs diesel et les turbines à gaz. Pour finir, les gaz chauds destinés à la production de vapeur, de gaz synthétique et de biogaz, qui sont produits par combustion, par gazéification et par digestion anaérobie, peuvent convenir à une utilisation sur le site de production.

Promouvoir l'efficacité énergétique de l'utilisation d'eau

L'eau est un important domaine transversal où les progrès technologiques et les modifications de la conception peuvent permettre une amélioration de l'efficacité d'utilisation de l'eau et de l'énergie. Dans le secteur agricole, par exemple, l'irrigation est particulièrement énergivore, principalement du fait de l'énergie nécessaire au pompage de l'eau. À titre d'illustration, la production de blé irrigué exige environ trois fois plus d'énergie que celle de blé pluvial pour obtenir la même quantité de grain (Pimentel, 2009).

Les besoins en énergie sont en grande partie déterminés par le choix des cultures, par les disponibilités en eau (différences de pression entre les eaux souterraines et celles de surface), ainsi que par les choix de programmation des systèmes d'irrigation superficielle, par aspersion ou au goutte-à-goutte. Dans beaucoup de pays, cette demande est également déterminée par les attributions d'eau fournies à titre gratuit ou sans souci d'efficience, qui découragent les efforts pour une utilisation efficace de la ressource. Une tarification inadéquate de l'eau risque d'entraîner une mauvaise allocation des ressources en eau en encourageant les cultures de plus grande valeur mais dont les besoins en eau sont plus élevés, et en intensifiant les prélèvements non autorisés d'eaux souterraines, en particulier lorsque le respect des réglementations relatives aux permis de forage, entre autres, n'est qu'imparfaitement assuré. Aussi un moyen indirect de réduire l'utilisation d'énergie consiste-t-il à rationaliser la demande et à s'orienter vers un recouvrement intégral des coûts de l'approvisionnement en eau (OCDE, 2010).

Parmi les exemples d'évolutions technologiques susceptibles d'améliorer sensiblement l'efficacité d'utilisation de l'eau dans les exploitations, il convient de mentionner une programmation intelligente de l'irrigation, l'optimisation de la taille des pompes, et l'abandon des méthodes d'irrigation par inondation au profit de la technique du goutte-à-goutte. L'optimisation de la taille des pompes en tenant compte des besoins en eau au plus fort de la saison et hors-saison peut ainsi permettre, d'après ce que l'on a pu constater, des économies d'énergie atteignant jusqu'à 35 % dans les systèmes d'irrigation (Jiménez-Bello et al., 2010 ; Moreno et al., 2010).

La collecte, la distribution, et le traitement de l'eau potable et des eaux usées en vue de leur utilisation dans la chaine agroalimentaire (pour l'irrigation, la cuisson, le chauffage, la réfrigération ou le lavage, par exemple) consomment d'énormes quantités d'énergie (NRDC, 2009). En effet, l'utilisation d'énergie pour le traitement de l'eau augmentera vraisemblablement à l'avenir au fur et à mesure que les disponibilités en eau s'amenuiseront sous l'influence du changement climatique, et que des règles plus rigoureuses de qualité de l'eau et des techniques de désinfection plus avancées – telles que l'ozonation et le traitement aux ultra-violets – seront mises en œuvre. L'amélioration des infrastructures d'approvisionnement en eau potable constitue un facteur fondamental pour la réalisation d'économies d'eau et d'énergie. Il convient toutefois de noter que la réutilisation de l'eau aux fins d'irrigation peut poser des problèmes de qualité de l'eau alors que les coûts de traitement pourraient être prohibitifs. Par exemple, en Israël, l'expansion du plan de recyclage des effluents (principalement constitués d'eaux d'égout et d'eaux usées industrielles) a certes apporté une contribution non négligeable à la gestion de l'eau et des réseaux d'assainissement au sein du pays, mais l'utilisation de cette eau à des fins agricoles a entraîné un certain nombre de coûts environnementaux et sanitaires (OCDE, 2012).

Dans l'ensemble de la chaine alimentaire, le recyclage des eaux usées aptes à être réutilisées pourrait constituer une source d'approvisionnement en eau ne nécessitant qu'une faible consommation d'énergie. Tel est en particulier le cas dans les régions où des quantités importantes d'énergie sont nécessaires pour faire venir et distribuer l'eau, comme en Californie du Sud aux États-Unis. Les agriculteurs y forent, dit-on, des puits de plus en plus profonds pour s'approvisionner en eau, et des projets de construction de stations de dessalement sont à l'étude dans plusieurs régions de cet État. L'une et l'autre de ces mesures impliquent d'importantes augmentations de l'utilisation d'énergie (WorldWatch, 2013). Dans les régions de ce type, l'eau recyclée peut être livrée aux utilisateurs – généralement à un moindre coût que l'eau non recyclée – pour des usages ne nécessitant pas d'eau potable, comme l'irrigation des cultures ou le lavage à grandes eaux des cours de ferme. Dans le comté d'Orange, en Californie, les technologies de traitement sont même utilisées pour épurer les eaux usées à un point tel que leur qualité soit équivalente à celle de l'eau en bouteille, avant de les laisser s'infiltrer dans la nappe phréatique pour être ultérieurement utilisée en tant qu'eau potable. Ce système ne consomme semble-t-il que la moitié de l'énergie qui serait nécessaire pour transporter cette eau de Californie du Nord jusqu'en Californie du Sud (NRDC, 2009).

Réutilisation de l'eau pour réduire la consommation d'énergie

Une usine Kellogg de l'Ohio, aux États-Unis, a mis en place une nouvelle technologie qui réutilise l'eau nécessaire à la production de vapeur pour les appareils de cuisson. Cette technologie permet de faire recirculer l'eau jusqu'à 50 fois et donne, semble-t-il, la possibilité de réaliser d'importantes économies d'énergie. Ce projet et quelques autres ont contribué en 2014 à réduire de 18 % la consommation d'eau de l'usine par tonne de denrées alimentaires produite (Kellogg, 2014).

L'amélioration de l'efficacité d'utilisation de l'eau peut parfois avoir des *effets négatifs* sur l'efficacité énergétique. Un exemple en est la réduction de la fréquence de « vidange » des tours de refroidissement industrielles (extraction régulière d'eau des bassins des tours de refroidissement pour empêcher l'accumulation des solides), ce qui permet des économies d'eau mais risque, si elle est trop réduite, de provoquer la formation de tartre, entraînant ainsi une baisse de l'efficacité énergétique (Galitsky et al., 2005). Un autre exemple est celui d'une région agricole de l'Andalousie, en Espagne, où les systèmes traditionnels d'irrigation par un réseau de canaux à ciel ouvert ont été remplacés par un système plus moderne d'irrigation sous pression à la demande, plus économe en eau. Les prélèvements d'eau destinés à l'irrigation des exploitations agricoles ont certes été sensiblement réduits, mais au prix d'une augmentation des coûts de maintenance de pas moins de 400 %. Les nouveaux systèmes de pompage sous pression sont de fait plus énergivores que les systèmes gravitaires antérieurs (Rodrigues-Diaz et al., 2011).

L'Inde est souvent citée comme un exemple de la manière dont la fourniture d'électricité subventionnée aux petits exploitants agricoles peut stimuler l'irrigation et la production alimentaire. L'une des critiques adressées à l'expérience indienne tient à l'absence d'une approche totalement intégrée des ressources naturelles, le pompage excessif d'eau d'irrigation exerçant une pression massive sur les sources d'eau souterraine (OCDE, 2016).

L'électricité subventionnée encourage une forte consommation d'énergie dans l'agriculture indienne

Les subventions publiques à l'irrigation, sous forme de subventions énergétiques, sont le principal facteur expliquant la demande et la surexploitation des eaux souterraines dans les États du Pendjab et de l'Haryana. Elles ont encouragé la surexploitation des ressources en eaux souterraines du nord-ouest de l'Inde à des fins d'irrigation. Au Pendjab, les subventions de l'électricité destinée à l'agriculture représentent 7 % du budget de l'État. Dans l'Haryana, où le secteur agricole consomme 40 % de l'énergie électrique, les pouvoirs publics ont décidé de maintenir et d'accroître les subventions énergétiques accordées aux agriculteurs. La fourniture gratuite d'énergie pour l'irrigation se fait aussi aux dépens de la maintenance du réseau électrique, qui est sujet à des défaillances fréquentes. Les agriculteurs ont par conséquent installé des commutateurs automatiques pour reprendre le pompage dès le retour du courant. Ce système d'irrigation sans contrôle et sans limites encourage la surexploitation des ressources en eau. L'abandon de la fourniture gratuite d'électricité risque de s'avérer politiquement difficile, mais un ciblage de la subvention en faveur des petits agriculteurs marginaux, sa subordination à une condition d'irrigation, l'installation de compteurs et l'incitation à diminuer les volumes utilisés sont quelques-unes des options qui pourraient être mises en œuvre pour réduire la consommation d'eau et pour accroître l'efficacité d'utilisation de l'énergie.

Source : OCDE (2016), *Foyers de risque agricole associés à l'eau*, COM/TAD/CA/ENV/EPOC(2016)4/FINAL.

Tirer parti des possibilités offertes par les énergies renouvelables

L'utilisation de ressources énergétiques renouvelables locales dans toute la chaine agroalimentaire pourrait aider à assurer un meilleur accès à l'énergie, à atténuer les problèmes de sécurité énergétique, à diversifier les revenus des agriculteurs et des transformateurs de produits alimentaires, à éviter d'avoir à éliminer les déchets, à réduire la dépendance à l'égard des combustibles fossiles, tout comme les émissions de gaz à effet de serre, et à atteindre les objectifs de développement durable. Les terres utilisées pour produire des denrées alimentaires recèlent également des sources d'énergie solaire, éolienne, et peut-être aussi hydroélectrique, qui pourraient servir à la production de chaleur ou d'électricité. En outre, une partie des ressources de biomasse disponibles, dont les résidus de récolte, les déchets animaux et ceux de la transformation des denrées alimentaires, qui constituent autant d'extrants de la chaine agroalimentaire, pourrait être convertie en bioénergies et être utilisée pour produire de la chaleur et de l'électricité, aussi bien que des carburants de transport.

Une évaluation détaillée de chacune des technologies, ainsi que des aspects relatifs à leur intégration dans les systèmes d'approvisionnement en énergie présents et à venir, au développement durable, à leurs coûts et à leurs potentialités, de même qu'aux politiques de soutien est présentée dans le rapport du GIEC intitulé *Sources d'énergie renouvelable et atténuation du changement climatique* (GIEC, 2011).

Australie : Association du secteur privé à l'amélioration de l'efficacité énergétique au travers du Fonds de réduction des émissions

Le Fonds de réduction des émissions constitue la clé de voûte de l'ensemble de politiques adoptées par le gouvernement australien pour réduire les émissions. Le Fonds mène ses activités parallèlement aux programmes déjà en place visant à freiner l'augmentation des émissions australiennes, telles que l'Objectif en matière d'énergies renouvelables et les normes d'efficacité énergétique applicables aux appareils, aux équipements et aux bâtiments. Le Fonds fournit des incitations afin que les entreprises et les ménages australiens adoptent des pratiques et des technologies réduisant les émissions. Le Fonds comporte trois volets : la certification des réductions d'émissions, l'achat de réductions d'émissions et la sauvegarde des réductions d'émissions. Les entreprises, les collectivités locales, les administrations infranationales, les propriétaires fonciers et les agriculteurs peuvent réduire leurs émissions, accroître leur productivité et faire baisser leurs coûts énergétiques en mettant en œuvre toute une série d'activités éligibles, telles que l'adoption d'équipements économes en énergie, le remplacement des systèmes d'éclairage obsolètes ou la production d'électricité à partir de déchets. Ces activités leur permettent d'obtenir des crédits de carbone australiens grâce à la réduction de leurs émissions. Ces crédits peuvent ensuite être vendus au gouvernement australien dans le cadre d'un contrat de réduction du carbone, ou à d'autres entreprises désireuses de compenser leurs émissions.

Quantum Power Limited, une société de biogaz australienne, participe au Fonds avec son projet de production de bioénergies dans un abattoir de Nouvelle-Galles-du-Sud, qui vise à convertir en électricité les déchets issus de l'une des plus grandes installations de production de produits animaux du pays. Le projet installera des générateurs de biogaz d'une capacité allant jusqu'à 1MW (mégawatt) pour convertir en biogaz les matières organiques contenues dans les déchets de transformation de l'abattoir. Le biogaz est ensuite raffiné et utilisé en tant que combustible dans une centrale de production d'électricité renouvelable. Ce projet sera le premier en Australie à utiliser le biogaz pour produire davantage d'électricité que ne lui en fournit le réseau. Ce projet de biogaz devrait remplacer plus de 95 % de l'électricité fournie par le réseau à l'entreprise de production de produits animaux.

Source : www.environment.gov.au/climate-change/emissions-reduction-fund.

Les biocombustibles sont des combustibles liquides et gazeux produits à partir de la biomasse en vue d'être utilisés dans le secteur des transports (AIE, 2012). Ils peuvent être classés en deux grandes catégories : les biocombustibles de première génération (biocombustibles « conventionnels »), issus de matières premières alimentaires telles que le maïs, la betterave sucrière, la canne à sucre, et les oléagineux, et les biocombustibles de deuxième ou de troisième génération (souvent dits « avancés »), produits à partir de biomasse lignocellulosique, de cultures ligneuses, de résidus agricoles ou de déchets. Étant donné qu'ils sont tirés de cultures vivrières, le risque que les biocombustibles de première génération entrent directement en concurrence avec les productions destinées à l'alimentation humaine ou à celle des animaux pour ce qui est de ressources telles que la terre, le travail et les engrais, et qu'ils contribuent à exercer une pression à la hausse des prix des produits végétaux constitue une source de préoccupation (OCDE, 2013). De fait, même les cultures énergétiques destinées à produire des biocombustibles de deuxième génération, telles que la biomasse ligneuse, risquent d'exiger un surcroît de terres, d'eau et d'autres ressources naturelles, et peuvent avoir des effets néfastes sur l'environnement (OCDE, 2013).

Le présent document étant principalement axé sur les initiatives du secteur privé visant à améliorer l'efficacité énergétique, grâce à des investissements de conversion de déchets en énergie, seuls sont examinés dans le présent rapport les biocombustibles tirés des déchets agricoles et des résidus et déchets produits plus en aval dans la chaine agroalimentaire (voir la section sur les déchets alimentaires). Cependant, faute de chaînes d'approvisionnement en matières premières suffisamment sûres et bien développées, de technologies de conversion innovantes ayant fait leurs preuves sur le plan commercial, et de cadres réglementaires favorables et stables à long terme, il a été considéré par le passé que ces types de biocombustibles étaient très sensiblement sous-exploités par rapport à leurs potentialités en tant que source d'énergie renouvelable (https://europeanclimate.org/wp-content/uploads/2014/02/WASTED-final.pdf). Ces dernières années, des évolutions se sont produites dans ce secteur et un certain nombre d'installations de taille commerciale ont été mises en place au Brésil, aux États-Unis et en Europe pour convertir en biocombustibles la bagasse, les résidus de maïs et la paille de blé et de riz. Par ailleurs, les déchets et résidus agricoles devraient probablement prendre de plus en plus d'importance en tant que matière première pour la production de biocombustibles en Asie (AIE, 2011).

La production de bioénergies par l'agriculture est une parfaite illustration des délicats arbitrages qui doivent être opérés entre les différentes ressources, mais aussi des interactions positives. Bien que le soutien aux biocombustibles ait pu avoir pour but d'aider à atteindre les objectifs en matière de carburants de transport propres en Amérique du Nord et en Europe, une grande partie du débat public s'est focalisé sur les impacts négatifs – dont le détournement vers le marché des biocombustibles de cultures vivrières telles que le maïs et la concurrence avec les cultures vivrières pour l'obtention d'intrants essentiels – contribuant ainsi potentiellement aux pénuries alimentaires et à la flambée des prix alimentaires (FAO/OCDE, 2011 – variabilité des prix). Pourtant les tenants des bioénergies et de la mise en place d'un système intégré alimentation-énergie soulignent en général que beaucoup de types et de modèles de production de bioénergies peuvent être efficaces, viables et offrir de réelles perspectives de développement (Bogdanski et al., 2010). Ces bioénergies exigent des investissements et elles sont actuellement plus coûteuses que les biocombustibles classiques, mais elles pourraient être encouragées dans le cadre de l'application de l'accord de Paris pour aider à atténuer les émissions de GES du secteur des transports.

Le biogaz en Chine : utilisation des déchets pour alimenter en énergie les ménages, l'agriculture et l'agro-industrie

La Chine soutient l'installation de méthaniseurs domestiques depuis les années 1970, avec un important effort d'investissement public à partir de 2003. Cette technologie permet aux ménages de convertir le fumier en un combustible de cuisson propre (« biogaz ») et en engrais organique. Ce programme a touché 100 millions de personnes et a bénéficié à un quart des ménages ruraux. La durabilité du modèle actuel suscite toutefois des interrogations. En effet, les ménages ruraux possèdent aujourd'hui moins d'animaux d'élevage, ce qui implique une diminution de la quantité de fumier disponible pour alimenter les digesteurs, alors que l'exode rural vers les villes fait qu'il y a moins de main-d'œuvre disponible pour les faire fonctionner. D'autres difficultés tiennent à l'inadéquation des services d'entretien et de réparation et à des résultats mitigés sous l'angle des économies réalisées par les ménages. Une innovation institutionnelle pourrait réduire la charge imposée aux petits exploitants par la nécessité d'assurer eux-mêmes l'élevage des animaux : le modèle de « l'exploitation agricole de production de biogaz au niveau du district », qui est en cours d'expérimentation dans la province du Hainan. Les petits exploitants payent une exploitation de plus grande taille située dans le même district pour élever des porcs, et ils reçoivent en échange du biogaz et du lisier à prix réduit, ainsi que le revenu tiré de la vente des porcs.

Source : Best, S. (2014), « Growing Power: Exploring energy needs in smallholder agriculture », Document de travail, Institut international pour l'environnement et le développement, http://pubs.iied.org/pdfs/16562IIED.pdf.

Les politiques publiques doivent faire l'objet d'une évaluation approfondie avant d'être mises en œuvre. L'intégration de la production de denrées alimentaires et d'énergie à partir des cultures de biomasse est techniquement réalisable dans un grand nombre de cas, mais elle doit être mise en application avec prudence et de manière durable. L'analyse approfondie de la durabilité de l'utilisation de la biomasse est assurée par des organisations telles que la FAO, l'AIE, la Table ronde pour des biocarburants durables et le Partenariat mondial sur les bioénergies.

Des changements opérationnels peuvent aboutir à d'importantes économies d'énergie

Les entreprises ont souvent le sentiment que seuls des investissements technologiques très coûteux peuvent véritablement permettre d'obtenir des gains d'efficacité énergétique (AIE, 2014). Cependant, les estimations fournies par plusieurs études – portant aussi bien sur le secteur agroalimentaire que sur d'autres industries – indiquent que des économies d'énergie de 20 à 30 % en moyenne peuvent être réalisées en n'ayant recours qu'à des changements opérationnels, tels que des modifications des procédures et des comportements, sans aucun investissement à forte intensité capitalistique (Wang, 2009 ; AIE, 2014). Bien que les possibilités d'économie d'énergie soient naturellement variables en fonction d'un certain nombre de facteurs, dont la taille et la nature de l'entreprise, le type d'équipements utilisés et les infrastructures locales, un grand nombre de données disponibles montrent que des changements opérationnels peuvent permettre de réduire la consommation d'énergie dans l'ensemble de la chaine alimentaire.

Parmi les exemples de changements opérationnels figurent notamment la suppression des sources de gaspillage d'énergie en éteignant les machines lorsqu'elles ne sont pas utilisées ; le recours à la lumière diurne chaque fois que possible ; la bonne isolation de l'équipement de production de chaleur industrielle ; la réparation rapide des fuites d'eau, de vapeur et d'air comprimé ; la prévention des courants d'air dus à une mauvaise étanchéité ; un entretien régulier des équipements énergivores, etc.[7].

Détection des possibilités d'économies d'énergie grâce à l'audit énergétique d'une boulangerie industrielle

Une boulangerie industrielle des États-Unis, dont les coûts énergétiques annuels s'élevaient à environ 820 000 USD par an a procédé à un audit énergétique qui lui a permis de détecter un certain nombre de possibilités d'amélioration de l'efficacité énergétique susceptibles de réduire de 7 % sa facture énergétique annuelle pour un coût relativement réduit par rapport au résultat. Parmi ces possibilités figuraient un meilleur contrôle des moteurs, une moindre utilisation d'air comprimé, et l'installation de détecteurs de présence. D'après les prévisions, les économies d'énergie devaient à elles seules permettre d'amortir en un an les coûts d'investissement totaux, d'environ 56 000 USD. Un nouvel audit énergétique a ensuite mis en évidence que la consommation d'électricité pourrait être réduite de 25 MWh par an sur un autre des sites de la même société, grâce à l'installation de détecteurs de présence bon marché. Pour un coût de 2 900 USD, ces détecteurs de présence offraient la possibilité, d'économiser 3 400 USD par an, et la perspective d'un amortissement intégral en 10 mois (BASE, 2012).

L'air comprimé constitue par exemple la forme d'énergie la plus coûteuse utilisée dans une installation industrielle, du fait de son efficacité médiocre, qui est généralement d'environ 10 % sur l'ensemble du processus de production (Masanet, 2012). Un audit du processus de production d'une grande société brésilienne spécialisée dans les produits de boulangerie a montré que celle-ci pourrait réduire sa consommation d'électricité de 350 MWh par an en diminuant les fuites dans ses systèmes à air comprimé. Un investissement de 22 000 USD lui permettrait ainsi d'économiser 33 000 USD par an et serait donc amorti en l'espace de neuf mois (Société financière internationale, 2012 *in ibid.*). Les programmes d'entretien des moteurs peuvent, dans le même temps, permettre une réduction de 2 % à 30 % de la consommation totale d'énergie du système de moteurs. Une étude de cas sur IAC, une usine laitière des États-Unis, a par exemple constaté que la mise en œuvre d'un plan d'entretien des moteurs a permis de réaliser des économies grâce auxquelles l'investissement a été amorti sur une période d'environ quatre mois (Masanet, 2012).

Des changements transversaux d'ordre technologique ou relatifs à la conception sont également possibles

Au-delà des changements opérationnels relativement bon marché, un certain nombre de mesures à plus forte intensité capitalistique peuvent être mises en œuvre dans l'ensemble de la chaine alimentaire, pour peu que les entreprises aient accès aux ressources financières nécessaires. Au nombre des exemples figurent : i) les mesures visant à améliorer l'efficacité de l'éclairage, y compris le remplacement des lumières et des luminaires ou la mise en place de systèmes d'éclairage innovants ; et ii) les mesures destinées à améliorer l'efficacité des systèmes de chauffage, de ventilation et de climatisation.

Les opérations post-récolte telles que le stockage, le séchage, la ventilation et le refroidissement ont souvent un important impact sur la consommation d'énergie de la chaine alimentaire. Le séchage est un moyen typique de préserver la qualité de différents produits agricoles. Il s'agit d'une opération très énergivore puisqu'il faut en règle générale faire s'évaporer de grandes quantités d'eau, compte tenu de la forte teneur en humidité des produits récoltés, par chauffage, par ventilation, ou par une association des deux. La consommation d'énergie nécessaire au séchage est très variable selon la méthode retenue, la taille du séchoir, le produit à sécher, sa teneur en eau initiale, les conditions météorologiques, et l'ancienneté de l'équipement. Le refroidissement constitue une opération importante de prétraitement et de post-traitement des produits agricoles avant et après le processus de conservation. En particulier, les cultures d'une valeur élevée, telles que les fruits et légumes périssables, exigent souvent d'importants traitements post-récolte, qui sont dans bien des cas gros consommateurs d'énergie.

Conception d'installations énergétiquement efficaces

Mission Foods, un grand fabricant de tortillas, a conçu ses nouvelles installations de production de Rancho Cucamonga, aux États-Unis, de telle sorte qu'elles soient aussi énergétiquement efficaces que possible. Des technologies énergétiquement efficaces ont été installées pour le chauffage, la ventilation et la climatisation, ainsi que pour l'éclairage, outre des détecteurs de présence qui éteignent automatiquement les lumières dans les pièces inoccupées, des fenêtres à faible émissivité qui ont réduit le réchauffement du bâtiment, des verrières qui permettent de bénéficier de la lumière naturelle, et un nouveau système de réfrigération. Ces changements de conception ont permis à la société de réduire la consommation d'électricité sur son nouveau site d'environ 18 % par rapport aux installations existantes, aboutissant ainsi à des économies d'énergie de plus de 300 000 USD par an (Masanet et al., 2012).

Notes

1. Des arguments en faveur d'une baisse de la part des viandes rouges dans l'alimentation, et d'une diminution de l'obésité, ont été diffusés en vue de réduire les émissions de GES du secteur agroalimentaire. L'intensité en émissions de GES est extrêmement variable pour les différentes catégories d'aliments, et elle est, en moyenne, d'environ 150 % plus élevée (en termes de éq-CO_2/kg) pour la viande rouge que pour le poulet ou le poisson.

2. Il n'existe actuellement aucune définition généralement admise des déchets ou des pertes alimentaires. La FAO a tenté d'établir des définitions de « référence » en vertu desquelles les « déchets alimentaires » correspondent aux aliments qui parcourent l'ensemble de la chaîne d'approvisionnement alimentaire jusqu'au stade du produit fini et qui, bien que de bonne qualité et propres à la consommation, n'en sont pas moins jetés au lieu d'être consommés, alors que les « pertes alimentaires » renvoient aux aliments qui, au cours de leur parcours le long de la chaîne d'approvisionnement alimentaire, sont répandus, abîmés ou perdus de quelque autre manière que ce soit, ou qui subissent une diminution de leur qualité et de leur valeur avant d'atteindre leur dernier stade de production (OCDE, 2014). Cependant, faute de consensus sur les définitions respectives des pertes alimentaires et des déchets alimentaires, nous utiliserons ce dernier terme dans le présent document.

3. La Commission joue un rôle de plus en plus actif dans le domaine des déchets alimentaires – leur prévention fait partie intégrante du Plan d'action en faveur de l'économie circulaire adopté par l'UE en 2015 et constitue, par exemple, l'un des thèmes abordés dans le projet de directive-cadre sur les déchets de l'UE.

4. Un aspect positif tient au fait que les déchets alimentaires peuvent également jouer un rôle dans la production d'énergies renouvelables en tant que matière première pour la production de bioénergies.

5. Pour ce qui est de la réduction au minimum des déchets d'emballages, voir la section sur les emballages.

6. Des substances résultant d'un processus de production qui n'est pas principalement destiné à produire de telles substances sont définies par le secteur alimentaire et des boissons comme des sous-produits et ne sont pas classifiées comme des déchets (FoodDrinkEurope, 2012).

7. L'audit énergétique vise à détecter les sources de consommation et de coûts énergétiques au sein d'une installation et à déterminer quelles sont les possibilités de réduction de la consommation d'énergie.

Bibliographie

Agence internationale de l'énergie (AIE) (2014), *Capturing the Multiple Benefits of Energy Efficiency*, www.iea.org/bookshop/475-Capturing_the_Multiple_Benefits_of_Energy_Efficiency, Agence internationale de l'énergie, Paris.

AIE (2012), *Technology Roadmap: Bioenergy for Heat and Power*, Agence internationale de l'énergie, Paris.

AIE (2011), *Technology Roadmap: Biofuels for Transport*, Agence internationale de l'énergie, Paris.

BASE (2012), *Energy Savings for a Bread Plant*, Base Company, www.baseco.com/casestudies/Bread%20Plant.pdf.

Berners-Lee, C. et al. (2012), « The relative greenhouse gas impacts of realistic dietary choices », *Energy Policy*, www.sciencedirect.com/science/article/pii/S0301421511010603.

Best, S. (2014), « Growing Power: Exploring energy needs in smallholder agriculture », Discussion Paper, Institut international pour l'environnement et le développement, http://pubs.iied.org/pdfs/16562IIED.pdf.

Blandford, D. (2013), *Green Growth in the Agro-Food Chain: What Role for the Private Sector?,* document d'information présenté à l'atelier OCDE/BIAC « La croissance verte dans la filière agroalimentaire : quel rôle pour le secteur privé ? », 24 avril 2013, www.oecd.org/tad/sustainable-agriculture/Session%201%20BLANDFORD_FORM.pdf.

Bogdanski, A. et al. (2010), *Making Integrated Food-Energy Systems work for People and Climate*, FAO, Rome, Italie.

Canning, P. et al. (2017), The Role of Fossil Fuels in the U.S. Food System and the American Diet, Economic Research, United States Department of Agriculture, Economic Research Report, n° 224.

Canning, P. et al. (2010), *Energy Use in the U.S. Food System,* Economic Research Service, United States Department of Agriculture, Economic Research Report, n° 94.

Comité consultatif économique et industriel auprès de l'OCDE (BIAC) (2013), « Perspectives on Private Sector Solutions to Food Waste and Loss », document présenté à la Conférence de l'OCDE *Food Waste Along the Supply Chain*, 20-21 juin, Paris, www.oecd.org/site/agrfcn/4thmeeting20-21june2013.htm.

Cuéllar, A. et M. Webber (2010), « Wasted Food, Wasted Energy: The Embedded Energy in Food Waste in the United States », *Environmental Science & Technology*, vol. 44, n° 16.

DEFRA (2007), *Direct Energy Use in Agriculture: Opportunities for Reducing Fossil Fuel Inputs - Final Report*, London.

Energy Design Resources (EDR) (2012), « Case Study: Tortilla Manufacturing Produces Energy-Saving Opportunities 2005 », www.energydesignresources.com/docs/cs-missfoods.pdf.

FoodDrinkEurope (2012), *Environmental Sustainability Vision Towards 2030*, http://sustainability.fooddrinkeurope.eu/uploads/section-images/USE_SustainabilityReport_LDFINAL_11.6.2012.pdf, consulté en septembre 2015.

Galitsky, C. et al. (2005), *BEST Winery Guidebook: Benchmarking and Energy and Water Savings Tool for the Wine Industry*, Berkeley, CA: Lawrence Berkeley National Laboratory, LBNL-3184.

Gassin, A.L. (2016), « Food waste prevention in Circular Economy Action Plan », communication à la 8e réunion du Réseau de l'OCDE pour l'analyse de la filière alimentaire, sur la réduction des pertes et déchets alimentaires dans le commerce de détail et la transformation, 23-24 juin, Paris, www.oecd.org/site/agrfcn/meetings/8th-oecd-food-chain-analysis-network-meeting-june-2016.htm.

Gillier, S. (2016), « Seeking ways for food waste valorisation in the French retail sector », Association technique du commerce et de la distribution (PERIFEM), communication à la 8e réunion du Réseau de l'OCDE pour l'analyse de la filière alimentaire, sur la réduction des pertes et déchets alimentaires dans le commerce de détail et la transformation, 23-24 juin, Paris, www.oecd.org/site/agrfcn/meetings/8th-oecd-food-chain-analysis-network-meeting-june-2016.htm.

Groupe d'experts intergouvernemental sur l'évolution du climat (GIEC) (2011), *Sources d'énergie renouvelable et atténuation du changement climatique*, www.ipcc.ch/pdf/special-reports/srren/srren_report_fr.pdf.

Heller, M. et G. Keoleian (2000), « Life Cycle-Based Sustainability Indicators for Assessment of the U.S », *Food System*, The Center for Sustainable Systems, Michigan, États-Unis.

Jiménez-Bello, M.A. et al. (2010), « Methodology for grouping intakes of pressurised irrigation networks into sectors to minimise energy consumption », *Biosystems Engineering*, vol. 105, n° 4, pp. 429-438.

Jones, T. (2006), *Using Contemporary Archaeology and Applied Anthropology to Understand Food Loss in the American Food System*, PhD Bureau of Applied Research in Anthropology University of Arizona, www.ce.cmu.edu/~gdrg/readings/2006/12/19/Jones_UsingContemporaryArchaeologyAndAppliedAnthropologyToUnderstandFoodLossInAmericanFoodSystem.pdf.

Kader, A. (2005), « Increasing food availability by reducing postharvest losses of fresh produce », *Acta Horticulture*, vol. 682, pp. 2169-2176.

Masanet, E., P. Therkelsen et E. Worrell (2012), *Energy Efficiency Improvement and Cost Saving Opportunities for the Baking Industry*, Ernest Orlando Lawrence Berkeley National Laboratory, www.energystar.gov/ia/business/industry/downloads/Baking_Guide.pdf.

Mehlhart, G. et al. (2016), *Study on the Energy Saving Potential of Increasing Resource Efficiency – Final Report*, étude préparée pour la Commission européenne, Direction générale de l'environnement, Bruxelles, http://ec.europa.eu/environment/enveco/resource_efficiency/pdf/final_report.pdf .

Moreno, M. et al. (2010), « Energy efficiency of pressurised irrigation networks managed on-demand and under a rotation schedule », *Biosystems Engineering*, vol. 107, n° 1, pp. 349-363.

Nestlé (2015), « Minister for Department of Energy and Climate Change sees how sweet waste is making sweet news for the environment », février 2015, www.nestle.co.uk/media/pressreleases/decc-minister-opened-ad-plant-fawdon.

Nestlé (2014), « Recycling coffee grounds as fuel », mars 2014, www.nestle.com/csv/case-studies/AllCaseStudies/Recycling-coffee-grounds-fuel.

OCDE (2016), *Foyers de risques agricoles liés à l'eau*, COM/TAD/CA/ENV/EPOC(2016)4/FINAL.

OCDE (2013), *Moyens d'action au service de la croissance verte en agriculture,* Éditions OCDE, Paris, http://dx.doi.org/10.1787/9789264204140-fr.

OCDE (2012), *Qualité de l'eau et agriculture : Un défi pour les politiques publiques*, Études de l'OCDE sur l'eau, Éditions OCDE, Paris, http://dx.doi.org/10.1787/9789264121119-fr.

OCDE (2010), *Gestion durable des ressources en eau dans le secteur agricole*, Éditions OCDE, Paris, http://dx.doi.org/10.1787/9789264083592-fr.

Organisation des Nations Unies pour l'alimentation et l'agriculture (FAO) (2011), *Aliments « énergétiquement intelligents » pour les gens et le climat –Brève analyse*, Rome, www.fao.org/3/a-i2454f.pdf.

Pimentel, D. (2009), « Reducing energy inputs in the agricultural production system », http://monthlyreview.org/2009/07/01/reducing-energy-inputs-in-the-agricultural-production-system.

Rodríguez-Díaz, J.A. et al. (2011), « The paradox of irrigation scheme modernization: more efficient water use linked to higher energy demand », *Spanish Journal of Agricultural Research*, vol. 9, n° 4.

Roger, D. (2016), « Measurement of business food waste », communication à la 8e réunion du Réseau de l'OCDE pour l'analyse de la filière alimentaire, sur la réduction des pertes et déchets alimentaires dans le commerce de détail et la transformation, 23-24 juin 2016, Paris, www.oecd.org/site/agrfcn/meetings/8th-oecd-food-chain-analysis-network-meeting-june-2016.htm.

Salminen, E. et J. Rintala (2002), « Anaerobic digestion of organic solid poultry slaughterhouse waste – a review », *Bioresource Technology*, vol. 83, pp. 13-26.

U.S. Environmental Protection Agency (EPA) (2007), « Biomass Combined Heat and Power Catalog of Technologies », Washington, D.C., www3.epa.gov/chp/documents/biomass_chp_catalog.pdf.

Vernier, A. (2016), « Food loss and waste: stock-taking and management along the food chain », communication à la 8e réunion du Réseau de l'OCDE pour l'analyse de la filière alimentaire, sur la réduction des pertes et déchets alimentaires dans le commerce de détail et la transformation, 23-24 juin 2016, Paris, www.oecd.org/site/agrfcn/meetings/8th-oecd-food-chain-analysis-network-meeting-june-2016.htm.

Waste Resources Action Programme (WRAP) (2012), *Courtauld Commitment 2 Voluntary agreement 2010 - 2012 Signatory case studies and quotes*.

Williams, A., E. Audsley et D. Sandars (2006), *Determining the environmental burdens and resource use in the production of agricultural and horticultural commodities*, Final report to DEFRA on project IS0205, Londres.

World Business Council for Sustainable Development (WBCSD) (2015), *Co-optimizing Solutions: Water and Energy For Food, Feed and Fiber*, www.wbcsd.org/Projects/Climate-Smart-Agriculture/Resources/Co-optimizing-Solutions-water-and-energy-for-food-feed-and-fiber.

WorldWatch (2013), « Water efficiency key to saving energy, expert says », www.worldwatch.org/node/6007.

Chapitre 5

Exploiter les gisements d'efficacité énergétique dans la chaine alimentaire

Malgré les progrès réalisés, la chaine alimentaire recèle encore de larges possibilités d'amélioration de l'efficacité énergétique. Il existe cependant toute une série d'obstacles – administratifs, structurels, comportementaux et financiers – qui dissuadent le secteur privé, agriculteurs compris, de prendre les meilleures décisions économiques. Le présent chapitre examine ces obstacles et se penche sur les politiques susceptibles d'améliorer l'efficacité énergétique de la chaine. Il donne également des exemples d'initiatives prises par certains pays. Les politiques d'amélioration de l'efficacité énergétique doivent aussi tenir compte des synergies et des corrélations négatives avec celles qui ciblent des aspects tels que la productivité, la consommation d'eau, la santé et la sécurité alimentaire.

Les données statistiques sont fournies par et sous la responsabilité des autorités israéliennes compétentes. L'utilisation de ces données par l'OCDE est sans préjudice du statut des hauteurs de Golan, de Jérusalem Est et des colonies de peuplement israéliennes en Cisjordanie aux termes du droit international.

Consacrons-nous suffisamment d'énergie à l'amélioration de l'efficacité énergétique de la chaine alimentaire ?

Alors que le secteur privé s'est rallié aux technologies et pratiques de gestion économes en énergie, plusieurs analystes évoquent un important *paradoxe* ou *déficit d'efficacité énergétique* : pour eux, il existe un écart entre le degré d'efficacité énergétique qui permettrait de réduire au minimum les coûts et celui atteint dans la pratique, et des améliorations significatives s'imposent dans l'économie en général et dans le secteur alimentaire en particulier (McKinsey & Company, 2010)[1]. D'après les projections de l'Agence internationale de l'énergie à 2035, par exemple, jusqu'à deux tiers des gisements d'efficacité énergétique resteront inexploités en cas de politiques publiques inchangées (AIE, 2014). Concernant le secteur agroalimentaire, on a vu dans les chapitres précédents que l'efficacité énergétique de beaucoup d'usines de transformation est faible comparée à celle que permettent d'atteindre les meilleures techniques disponibles[2]. Cependant, il n'existe pas pour l'instant d'estimations précises de l'ampleur et de la nature du déficit d'efficacité énergétique dans la chaine alimentaire.

De nombreuses pratiques de gestion et technologies bien au point permettent aujourd'hui de réduire la consommation d'énergie dans la production alimentaire (tableau A5.1). Bien souvent, leur mise en œuvre est avantageuse sur toute la ligne pour les producteurs, car les dépenses d'investissement engagées sont rapidement amorties grâce à la baisse des coûts énergétiques. Dans la majorité des cas, les producteurs peuvent rentrer dans leurs frais en cinq ans, voire moins, et une part non négligeable des technologies est rentabilisée en trois ans ou moins (Gołaszewski et al., 2012 ; BASE, 2012 ; DEFRA, 2010). En outre, d'importants gains d'efficacité peuvent être réalisés sans investissement, en apportant des modifications aux procédures et aux comportements[3]. La réduction des déchets alimentaires, par exemple, ouvre de vastes perspectives d'économies d'énergie grâce à l'amélioration du rendement d'utilisation des ressources et représente un important gisement d'efficacité énergétique non encore exploité que pourraient cibler les politiques publiques (Mehlhart et al., 2016).

En agriculture, même si la consommation d'énergie est modeste comparée à celle des autres parties de la chaine alimentaire, Tassou et al. (2014) avancent dans une étude consacrée au Royaume-Uni que des économies d'énergie pouvant atteindre 20 % seraient possibles par la production d'énergie renouvelable et par le recours à des technologies plus efficaces et à des systèmes de contrôle « intelligents ». Dans le secteur de la transformation des denrées alimentaires, les auteurs font valoir que la consommation d'énergie des usines pourrait être abaissée par l'optimisation et l'intégration des processus et des systèmes dans le but de réduire l'intensité énergétique (par exemple : meilleure commande des procédés, recours à des capteurs et équipements modernes permettant des mesures en ligne et une régulation intelligente des paramètres clés). Dans le même ordre d'idées, ils proposent de réduire au minimum la production de déchets par la valorisation énergétique et une meilleure utilisation des sous-produits. Dans le secteur de la vente de détail de produits alimentaires, ils notent que l'efficacité énergétique a sensiblement progressé ces dernières années, mais que des améliorations restent possibles en ce qui concerne le rendement des systèmes de réfrigération, leur intégration avec les systèmes de chauffage, de ventilation et de climatisation, la récupération de la chaleur et son amplification au moyen de pompes à chaleur, la gestion de la demande, les diagnostics système, et les systèmes locaux de cogénération et de « trigénération ». Pour Tassou et al. (2014), d'autres économies d'énergie sont possibles en recourant à des systèmes d'éclairage basse consommation, en améliorant l'isolation thermique de l'enveloppe des bâtiments, en intégrant des sources d'énergie renouvelables et en employant des dispositifs de stockage de l'énergie thermique. Dans les installations de restauration, une baisse de la demande d'énergie peut résulter de l'utilisation d'équipements plus efficaces, mais aussi d'une évolution des comportements en ce qui concerne le type d'aliments consommés, la façon de les préparer et les conditions ambiantes à l'intérieur des locaux.

Il existe toute une série d'obstacles qui dissuadent les agriculteurs, les particuliers, les entreprises et les autres acteurs de prendre des décisions économiques optimales. Beaucoup d'entre eux contribuent à limiter la diffusion des solutions à bon rendement énergétique, à l'image des tarifs énergétiques subventionnés, de la tarification inadéquate des externalités de la consommation d'énergie, du manque de financements, de l'information imparfaite, de l'inertie des organisations publiques et privées face aux possibilités d'investissement dans l'efficacité énergétique et des biais comportementaux systématiques qui affectent les décisions de consommation (AIE, 2014 ; Gillingham et Palmer, 2013). Qui plus est, mesurer l'ampleur des possibilités d'investissement rentable dans l'efficacité énergétique qui ne peuvent être exploitées constitue intrinsèquement une démarche difficile pour laquelle on manque d'études empiriques rigoureuses (Allcot et Greenstone, 2012)[4].

On distingue quatre grandes catégories d'obstacles, à savoir les obstacles structurels, comportementaux, liés à la disponibilité et liés aux politiques (tableau 5.1). Les *obstacles structurels* désignent des problèmes tels qu'un savoir-faire limité en matière de mise en œuvre de mesures de maîtrise de l'énergie ou l'existence de chaînes d'approvisionnement morcelées et sous-développées. Ils empêchent un utilisateur final d'adopter des technologies ou des pratiques économes en énergie : par exemple, un faible niveau d'instruction et le vieillissement des agriculteurs font obstacle à l'adoption de nouvelles technologies pouvant offrir un meilleur rendement énergétique.

Les *obstacles comportementaux* renvoient notamment aux situations où une opportunité n'est pas saisie par manque de sensibilisation ou pour cause d'inertie de l'utilisateur final. Cela peut être dû à un manque d'informations fiables sur les coûts et les avantages, y compris à des prix de l'énergie qui ne reflètent pas pleinement tous les coûts. Dans ces conditions, les acteurs prennent des décisions sur la base d'une information imparfaite. On peut citer le manque de sensibilisation aux comportements qui évitent le gaspillage alimentaire, ou encore la méconnaissance des différences de consommation d'énergie, qui peut conduire un utilisateur à remplacer une pompe à eau hors service, par exemple, par le modèle le moins cher à l'achat plutôt que par un modèle à bon rendement énergétique qui, *in fine*, lui coûtera moins cher[5].

Les *obstacles liés à la disponibilité* concernent les situations où un acteur est disposé à prendre une mesure bénéfique, mais peine à y accéder : par exemple, un accès insuffisant au capital peut empêcher qu'un système de chauffage soit modernisé ou que des technologies et des innovations soient disponibles et diffusées.

Les *obstacles liés aux politiques*, enfin, désignent les distorsions du marché induites par les politiques publiques qui créent des conditions défavorables à l'amélioration de l'efficacité énergétique. Par exemple, les subventions énergétiques peuvent avoir un effet d'éviction sur la dépense publique et l'investissement privé, encourager une consommation d'énergie excessive, réduire l'incitation à investir dans les énergies renouvelables et accélérer le processus d'épuisement des ressources naturelles. De fait, des prix du pétrole bas pour cause de subventions ou en raison d'autres facteurs non liés au jeu du marché peuvent inciter à privilégier des modes de production qui font davantage appel aux énergies fossiles ou consomment plus d'énergie de façon générale. Dans beaucoup de pays, cela va à l'encontre des objectifs généraux en matière d'environnement.

L'élimination des subventions inefficientes aux énergies fossiles peut favoriser une plus grande efficacité énergétique. Il ressort des travaux de l'OCDE que l'arrêt du soutien public à ces énergies peut permettre d'obtenir rapidement des résultats positifs. Dans les pays de l'OCDE et les principales économies émergentes, le niveau du soutien public à la production et à la consommation de combustibles fossiles reste élevé, puisqu'il s'établit entre 160 et 200 milliards USD par an selon un récent rapport de l'OCDE[6].

Les attitudes et stratégies de maîtrise des risques peuvent constituer d'autres obstacles imputables aux politiques publiques. Par exemple, une perception ou un traitement défavorable des risques peut renchérir les projets d'efficacité énergétique ou conduire à sous-estimer les risques associés à la variation des prix de l'énergie. La gestion des risques associés aux coûts et à la disponibilité de l'énergie dans les entreprises agroalimentaires dépend dans une large mesure de leur taille : les grandes entreprises sont davantage susceptibles de prendre les devants en matière de maîtrise des risques liés à l'instabilité des prix de l'énergie et des produits de base.

Tableau 5.1. Les multiples difficultés de l'amélioration de l'efficacité énergétique dans la chaine alimentaire

Caractéristiques fondamentales de l'efficacité énergétique

Faible intérêt : l'amélioration de l'efficacité énergétique est rarement au centre de l'attention

Difficile à mesurer : évaluer, mesurer et vérifier les économies d'énergie est plus difficile que mesurer la consommation, ce qui est préjudiciable à la confiance des investisseurs

Obstacles propres aux opportunités

Obstacles structurels

Capital humain : vieillissement des agriculteurs, entravant l'adoption de technologies potentiellement économes en énergie

Connaissances insuffisantes : savoir-faire limité en matière de mise en œuvre de mesures d'efficacité énergétique

Morcellement : chaînes d'approvisionnement morcelées et sous-développées

Obstacles liés aux politiques

Distorsions de prix : distorsions réglementaires, fiscales ou autres

Obstacles comportementaux

Risques et incertitude : concernant la capacité de tirer profit des investissements

Déficit de sensibilisation/d'information : au sujet du rendement des produits et de ses propres comportements de consommation

Coutumes et habitudes : pratiques empêchant de concrétiser le potentiel

Obstacles liés à la disponibilité

Problèmes de financement : impossibilité de financer la mise de fonds initiale ; accès limité aux capitaux pour financer des investissements dans l'efficacité énergétique

Technologies disponibles : offre ou diffusion technologique insuffisante

Installation et utilisation : installation et/ou fonctionnement inadaptés

Stratégies face aux obstacles propres aux opportunités

Information et éducation

Incitations et financements

Intervention de tiers

Éléments d'une stratégie globale

Reconnaître que l'efficacité énergétique est une ressource énergétique importante

Rechercher des moyens de *fournir un financement initial*

Susciter un meilleur alignement entre les parties prenantes

Stimuler l'adoption des innovations et la mise au point de nouvelles technologies et pratiques de gestion économes en énergie

Source : D'après McKinsey & Company (2010).

Un cadre d'action facilitant l'envoi de signaux-prix appropriés aux producteurs et aux consommateurs

Pour surmonter les obstacles évoqués, il faut des politiques publiques bien conçues qui encouragent l'efficacité énergétique et renforcent la compétitivité (Porter et van der Linde, 1995 ; Ambec et al., 2011). Le secteur public a un rôle primordial à jouer en mettant en place un environnement et des infrastructures qui permettent au secteur privé d'agir et l'incitent à le faire. Il s'agit, par exemple, de réformer les subventions aux énergies fossiles ou simplement de faire prendre conscience des coûts et des avantages des décisions d'investissement potentielles. Une telle démarche serait doublement avantageuse, puisqu'à la baisse des coûts privés s'ajouteraient des bénéfices collectifs du fait de l'amélioration de l'efficacité énergétique.

Par ailleurs, il faut permettre aux mécanismes du marché de fonctionner pour inciter le secteur privé à développer et à adopter de nouvelles technologies et à mettre des ressources financières au service de la R-D verte. Les partenariats public-privé ont un rôle à jouer dans l'amélioration de l'efficacité énergétique du secteur, notamment dans les activités de recherche-développement tournées vers la mise au point de technologies économes en énergie.

Des organismes représentant le secteur privé ont reconnu l'importance d'une intervention du secteur public pour mettre en place un environnement réglementaire propice à un essor de l'innovation et de l'investissement :

> « Le secteur privé a un rôle crucial à jouer dans le verdissement de la chaine agroalimentaire, mais il ne peut concrétiser pleinement le potentiel existant en la matière qu'en présence de politiques appropriées favorables aux entreprises. Les principaux moteurs d'une croissance verte – à savoir l'investissement et l'innovation – nécessitent des cadres d'action propices au développement des initiatives d'investissement et d'innovation emmenées par le secteur privé et collaboratives » (BIAC, 2013a).

> « Pour que le secteur du commerce de détail puisse concrétiser ses ambitions en matière de réduction des émissions de carbone, il est primordial que le cadre réglementaire traite l'ensemble des pratiques des entreprises de façon claire et harmonisée. La poursuite de la simplification du cadre d'action complexe, conjuguée à un projet à long terme clair et déterminé pour un Royaume-Uni décarboné, donnerait aux détaillants les certitudes et la confiance dont ils ont besoin pour réaliser les investissements significatifs nécessaires à la transition vers une économie bas carbone » (BRC, 2014).

En outre, il incombe aux pouvoirs publics de peser pour faire évoluer l'opinion publique et de montrer l'exemple, par exemple dans le cadre des marchés publics :

> « Le rôle essentiel des pouvoirs publics dans le système alimentaire au Royaume-Uni est de corriger les défaillances éventuelles du marché (par exemple, les distorsions affectant l'économie alimentaire qui sont causées par les déficits d'information, la concurrence imparfaite, la non-tarification des externalités et la production insuffisante de biens publics). Il leur incombe également de contribuer à donner le ton et à fixer l'orientation du débat public sur l'alimentation, ainsi que de stimuler des changements culturels et l'évolution des comportements. Ce rôle moteur dans la définition des priorités peut constituer un puissant complément aux interventions directes » (DEFRA, *Food 2030 Strategy*).

Améliorer concrètement l'efficacité énergétique exigera d'appréhender ensemble les dimensions économiques et énergétiques et celles touchant aux ressources naturelles, et de prendre en considération leurs interactions et leurs corrélations négatives. Parmi les défaillances du marché couramment avancées, beaucoup ne sont pas propres à la problématique de l'efficacité énergétique, et leur traitement nécessite que les pouvoirs publics agissent bien plus largement, par exemple en mettant en place un prix des émissions de GES à l'échelle de l'économie tout entière pour lutter contre le changement climatique et en appliquant une politique globale en faveur de l'innovation pour accroître l'effort en la matière. En revanche, les défaillances en termes d'information et de comportements – à supposer qu'elles soient importantes – ont tendance à susciter des mesures plus spécifiques à l'efficacité énergétique, pour autant que les avantages de ces mesures l'emportent sur leurs coûts.

Le déficit d'efficacité énergétique dans la chaine alimentaire a plusieurs causes, dont l'influence relative varie selon les types de producteurs et de consommateurs. Cette hétérogénéité des causes complique la tâche des responsables de l'action gouvernementale, mais leur permet aussi de savoir quand différentes interventions ont toutes les chances d'être efficaces par rapport à leur coût. Le rapport coût-efficacité est amélioré lorsque les politiques ciblent les défaillances du marché.

Une stratégie optimale devrait : i) identifier les obstacles à des investissements rentables dans l'efficacité énergétique et tenter de les lever ; ii) évaluer les possibilités d'amélioration de l'efficacité énergétique et déterminer les actions prioritaires au niveau de la chaine agroalimentaire et des consommateurs qui sont susceptibles de susciter des améliorations maximales au meilleur coût ; iii) définir clairement les objectifs et les échéances et préciser les méthodes d'évaluation ; et iv) veiller à la cohérence avec les stratégies énergétiques, environnementales/climatiques et économiques.

Les solutions se divisent en deux grandes catégories : i) les mesures qui favorisent des choix éclairés ; et ii) les mesures qui suscitent des modifications de l'environnement de marché. La possibilité de faire des choix éclairés est à la base de la souveraineté du consommateur, qui fait partie intégrante des modèles économiques de maximisation de l'utilité. Les mesures relevant de la première catégorie sont les programmes d'éducation, l'étiquetage et le marketing social (informations des pouvoirs publics). Les mesures destinées à modifier l'environnement de marché comprennent quant à elles les normes alimentaires réglementant la composition nutritionnelle des aliments ou leur durabilité ; les subventions ou les taxes ciblant les aliments ou éléments nutritifs mauvais pour la santé ou les émissions de GES ; et la réglementation des aliments servis dans les établissements d'enseignement ou sur les lieux de travail.

Dans l'un et l'autre cas, la frontière entre les mesures qui créent les conditions propices à une action du secteur privé et celles qui forcent celui-ci (consommateurs compris) à modifier ses comportements n'est pas nette. Une taxe carbone peut être considérée comme une mesure qui crée un cadre clair pour permettre au secteur privé d'innover et d'adopter des technologies moins émettrices de carbone, mais on peut aussi la voir comme un instrument très interventionniste et assez peu nuancé.

Les politiques conçues pour cibler les défaillances du marché appropriées peuvent améliorer l'efficience économique. Si la seule défaillance du marché tient aux externalités de la consommation d'énergie (sur le plan environnemental ou sur celui de la sécurité énergétique, par exemple), la solution la plus directe consistera à taxer la consommation d'énergie et les émissions y afférentes ou à appliquer un programme de plafonnement et d'échange équivalent qui internalise ces externalités dans les prix de l'énergie. Ces politiques auront forcément pour effet d'augmenter le prix de l'énergie et donc de rendre les produits économes en énergie plus attrayants financièrement. Si la seule défaillance du marché est l'inefficience en matière d'investissement – les consommateurs et les entreprises ne réalisent pas des investissements dans l'efficacité énergétique qui seraient pourtant rentables pour eux –, la meilleure solution consistera à cibler directement cette inefficience, par exemple en apportant des informations aux consommateurs imparfaitement informés. S'il existe à la fois une inefficience en matière d'investissement et des externalités liées à la consommation d'énergie, il conviendrait d'appliquer des taxes en association avec une politique en faveur de l'efficacité énergétique qui a des effets positifs sur le bien-être (Allcott et Greenstone, 2012 ; Gillingham et Palmer, 2013).

Une tarification appropriée des externalités est essentielle pour promouvoir l'innovation et peser sur les comportements de consommation. L'existence d'un prix du carbone clair et prévisible est susceptible de constituer un important vecteur de changement. La tarification explicite des émissions de gaz à effet de serre au travers de la fiscalité ou d'un système d'échange de droits d'émission représente généralement le moyen le plus efficace et économe de créer des incitations économiques puissantes en faveur de la réduction des émissions de carbone (OCDE, 2013). Cela étant, la tarification du carbone dans la chaine alimentaire peut être compliquée politiquement et certains pays peinent d'ailleurs à l'imposer. Lorsqu'elle est en place, les pouvoirs publics peuvent en outre se heurter à des obstacles politiques pour assurer que les mécanismes de tarification font suffisamment baisser les émissions (en augmentant les prix ou, dans le cas d'un système d'échange, en restreignant de façon significative l'offre de droits d'émission). Beaucoup de technologies économes en énergie et certaines technologies de production d'énergie sobres en carbone sont aujourd'hui disponibles au même coût net que les autres ou moyennant un faible surcoût. Afin d'éviter l'installation et la pérennisation de technologies inefficientes et très émettrices de carbone, les pouvoirs publics doivent intervenir au moyen de politiques ciblées pour faire baisser le coût des solutions de substitution sobres en carbone et créer des marchés pour les technologies qui n'ont pas encore pleinement atteint le stade commercial dans le cadre de leurs stratégies d'efficacité énergétique.

La mise à profit de la plupart des possibilités d'amélioration de l'efficacité énergétique nécessitera une approche globale intégrant de multiples solutions pour répondre à tout l'éventail des obstacles potentiels. Il est de plus en plus largement admis que l'on peut réduire le risque d'effet rebond associé aux interventions en faveur de l'efficacité énergétique en combinant les instruments mis au service de celle-ci, comme les normes et les réglementations, avec d'autres instruments, tels les taxes carbone qui renchérissent certains produits énergétiques ou le plafonnement des émissions de GES qui permet de contenir la demande d'énergie (Passey et MacGill, 2009). Le tableau 5.2 résume les obstacles potentiels en rapport avec l'efficacité énergétique, ainsi que les mesures pouvant être prises par les pouvoirs publics lorsqu'il apparaît que ces problèmes sont significatifs.

Plusieurs politiques pouvant améliorer l'efficacité énergétique dans le secteur agroalimentaire sont examinées ci-après. Même si elles sont analysées séparément, il existe probablement des synergies entre certaines d'entre elles : par exemple, entre les mesures d'éducation et d'information et celles encourageant la modification de la composition des produits. Il s'agit là d'un aspect important, et il convient de toujours garder à l'esprit qu'une panoplie de mesures cohérente visant à créer à tous points de vue des conditions générales propices à l'innovation verte sera sans doute beaucoup plus efficace que des mesures ponctuelles mises bout à bout.

Les politiques et programmes en faveur de l'efficacité énergétique sont généralement plus performants lorsqu'ils sont intégrés dans des stratégies de marché qui prennent en compte tout l'éventail des obstacles présents dans un endroit particulier (Nadel et Geller, 1996). Sur le marché des appareils électriques aux États-Unis, par exemple, des activités de RDD financées sur fonds publics aident au développement et à la commercialisation de nouvelles technologies ; l'étiquetage des produits contribue à l'éducation des consommateurs (labels Energy Star, par exemple) ; des normes d'efficacité font disparaître du marché les produits à faible rendement énergétique ; et des incitations proposées par un certain nombre d'entreprises de services collectifs et d'États encouragent les consommateurs à acheter des produits bien plus économes que ne l'exigent les normes minimales obligatoires. L'association de ces mesures a abouti à une amélioration spectaculaire et durable du rendement de beaucoup de catégories d'appareils.

Établir des marchés de l'énergie concurrentiels faisant l'objet d'une réglementation appropriée

En règle générale, deux types de mesures sont envisageables : des mesures budgétaires (taxes et subventions), qui visent à influer sur le panier de produits alimentaires consommé par la société (une taxe carbone, par exemple) ; et des mesures qui influent sur la disponibilité d'aliments ou d'éléments nutritifs au moyen de normes obligatoires ou volontaires.

Les pouvoirs publics devraient régulièrement revoir les réglementations et les subventions pour faire en sorte que les prix de détail de l'énergie reflètent l'intégralité des coûts de production et de fourniture, y compris les coûts environnementaux. D'après les analyses de l'OCDE et de l'AIE, les gouvernements de la planète consacrent entre 500 et 600 milliards USD au soutien aux énergies fossiles, soit beaucoup plus que le montant nécessaire pour atteindre les objectifs de financement climatique fixés par la communauté internationale, par exemple, qui appellent à la mobilisation de 100 milliards USD par an d'ici à 2020. Ce soutien nuit aux efforts mondiaux de réduction des émissions et de lutte contre le changement climatique. Il ressort des analyses récentes de l'OCDE et de l'AIE que l'arrêt progressif des subventions aux énergies fossiles au niveau planétaire pourrait déboucher en 2020 sur une baisse de 3 % des émissions mondiales de GES par rapport au scénario de politiques inchangées.

Les subventions dont bénéficient les consommateurs d'énergies fossiles ne permettent souvent pas d'atteindre leurs objectifs déclarés de réduction de la précarité énergétique et de promotion du développement économique ; en revanche, elles favorisent le gaspillage de l'énergie, contribuent à l'instabilité des prix en brouillant les signaux du marché, encouragent le trafic de carburant et compromettent la compétitivité des énergies renouvelables et des technologies économes en énergie. En outre, ces subventions coexistent souvent avec des incitations en faveur du recours aux énergies renouvelables, ce qui nuit à la cohérence des politiques et envoie des signaux contradictoires aux producteurs.

L'élimination progressive des subventions aux énergies fossiles aurait pour effet non seulement d'augmenter les recettes publiques et de réduire les émissions de GES, mais aussi de stimuler l'investissement, la croissance et l'emploi dans les renouvelables et l'efficacité énergétique. Sa réussite passe obligatoirement par des programmes bien ciblés, transparents et limités dans le temps pour aider les ménages pauvres et les travailleurs du secteur de l'énergie qui risquent d'en pâtir à court terme.

Tableau 5.2. Principaux obstacles à l'amélioration de l'efficacité énergétique et réponses possibles des pouvoirs publics

	Obstacle	Effet	Réponses possibles des pouvoirs publics
Sensibilisation	L'évaluation, la mesure et le suivi de l'efficacité énergétique sont difficiles	Les opportunités ne sont pas visibles pour les décideurs, ce qui altère la confiance des investisseurs	Protocoles de mesure et indicateurs d'efficience ; évaluation comparative ; audits et rapports
	Faible sensibilisation à la valeur de l'efficacité	L'efficacité énergétique est sous-évaluée.	Accentuer les efforts de sensibilisation et de communication ; information et éducation
Politiques	Distorsions du marché imputables aux politiques	Les conditions du marché n'encouragent pas l'efficacité	Éliminer les subventions énergétiques et autres mesures qui provoquent des distorsions du marché
	Défaillances du marché de l'énergie	Externalités environnementales	Tarification des émissions (taxe, système de plafonnement et d'échange)
	Perception ou traitement défavorable des risques	Niveau excessif des coûts de financement des projets dans le domaine de l'efficacité énergétique, ou sous-estimation du risque lié aux prix de l'énergie	Améliorer l'information sur les risques liés aux projets et aux prix de l'énergie, mécanismes de réduction des risques afférents aux projets dans le domaine de l'efficacité énergétique
Facteurs structurels	Savoir-faire limité en matière d'application de mesures d'amélioration de l'efficacité énergétique	Contraintes affectant l'application de mesures d'amélioration de l'efficacité énergétique	Programmes de renforcement des capacités
	Chaînes d'approvisionnent morcelées et sous-développées	Les possibilités d'amélioration de l'efficacité énergétique sont plus limitées et plus difficiles à mettre à profit	Programmes visant à améliorer l'intégration des marchés et les économies en général Mesures suscitant un meilleur alignement entre les parties prenantes
Disponibilité	Impossibilité de financer la mise de fonds initiale ; contraintes de liquidité ; accès limité aux capitaux pour financer des investissements dans l'efficacité énergétique	Sous-investissement dans l'efficacité	Programmes de financement et de prêt afin de stimuler l'offre de capitaux au service des investissements dans l'efficacité ; soutien aux nouvelles entreprises tournées vers l'efficacité énergétique ; modèles de financement
	Disponibilité et diffusion des technologies	Offre insuffisante Faible diffusion des technologies	Stimuler l'innovation et la diffusion des technologies par des crédits d'impôt au titre de la R-D, des financements publics et des incitations en faveur d'une adoption rapide par le marché
Comportements	Déficit de sensibilisation et d'information au sujet de l'efficacité de la consommation alimentaire et de ses propres comportements de consommation	Déchets alimentaires	Éducation, information, normes de produits

Source : D'après OCDE/AIE (2012), *World Energy Outlook 2012*, tableau 9.2.

Recours aux politiques budgétaires

Les politiques budgétaires destinées à encourager l'adoption de pratiques économes en énergie ont pour effet soit de renchérir l'utilisation d'énergie pour favoriser l'efficacité énergétique, soit de réduire le coût des investissements dans l'efficacité énergétique. Les différents instruments à la disposition des pouvoirs publics et leur efficacité sont examinés de façon assez approfondie dans OCDE (2013). De nombreux pays y ont eu recours sous différentes formes depuis une trentaine d'années (voir section suivante).

Ces mesures comprennent : les taxes sur l'énergie ou sur les émissions de dioxyde de carbone (CO_2) liées à l'énergie ; les taxes (et règlements) visant l'élimination des déchets solides et ayant pour but d'encourager le recyclage et de réduire le volume de déchets mis en décharge ; les primes et les subventions comme les prêts pour l'efficacité énergétique ; les consignes sur les récipients de boissons et l'interdiction des sacs de caisse gratuits dans les supermarchés ; ou encore les systèmes d'échange de quotas d'émission de carbone comme ceux en vigueur dans l'UE, en Nouvelle-Zélande, en Suisse et en Californie. On trouve en outre dans un certain nombre de pays des politiques intégrées combinant diverses incitations financières dans le cadre d'un programme national énergétique ou de réduction des émissions de GES. Ces programmes comprennent souvent une série de mesures fiscales et budgétaires, mais aussi d'autres dispositions en faveur de l'efficacité énergétique, telles que des accords volontaires. Il n'existe pas de normes obligatoires dans le domaine de l'empreinte carbone.

Décalages entre les taxes énergétiques et les répercussions environnementales de la consommation d'énergie

Comme n'ont cessé de le montrer les analyses de l'OCDE, les signaux-prix – modifiés par les taxes énergétiques ou les systèmes d'échange de quotas d'émission – sont parmi les meilleurs instruments dont disposent les gouvernements pour susciter des modes de consommation d'énergie plus durables (OCDE, 2001, 2006 et 2010). Quelle que soit leur finalité officielle, les taxes énergétiques influent sur les prix et les modes de consommation de l'énergie et peuvent créer une incitation à rechercher des technologies plus propres.

Cependant, les analyses de l'OCDE montrent aussi qu'il y a un mauvais alignement entre les taxes énergétiques et les effets secondaires dommageables de la consommation d'énergie, et que ces taxes ont un effet limité sur les efforts déployés pour réduire la consommation d'énergie, améliorer l'efficacité énergétique et passer à des formes d'énergie moins néfastes (OCDE, 2016). La faiblesse de la fiscalité pesant sur beaucoup d'énergies dommageables et l'existence d'autres mesures qui envoient des signaux contraires (comme les subventions énergétiques) incitent à penser que, dans l'ensemble, les pays n'exploitent pas tout le potentiel qu'offrent les taxes énergétiques en termes de réduction efficace et économe des atteintes à l'environnement.

En ce qui concerne la chaine alimentaire, ses installations sont soumises dans un certain nombre de pays à des taxes sur l'énergie ou sur les émissions de CO_2 liées à l'énergie qui visent à les inciter à améliorer la gestion énergétique par des changements de comportement et des investissements dans des équipements économes en énergie. Il existe aujourd'hui de telles taxes au Danemark, en Estonie, en Finlande, en Norvège, aux Pays-Bas et au Royaume-Uni. Lorsqu'elles s'inscrivent dans le cadre de programmes assortis d'objectifs chiffrés, comme aux Pays-Bas et au Royaume-Uni, la réalisation de ces objectifs convenus est récompensée par une baisse de leur montant.

Dans le secteur agricole, les taxes sur la consommation d'énergie en vigueur dans plusieurs pays de l'OCDE sont de loin les taxes environnementales qui rapportent le plus de recettes (OCDE, 2014 ; graphique 5.1). Cela étant, elles sont beaucoup plus faibles dans le secteur agricole que dans l'économie dans son ensemble (graphique 5.2). Cela tient entre autres au fait que les carburants utilisés en agriculture en sont souvent exonérés. Or en cas d'exonération, les coûts externes ne sont plus signalés, ce qui encourage la surconsommation. Vu la prise de conscience grandissante des effets secondaires dommageables de certaines sources d'énergie et l'intérêt pour l'investissement dans les énergies renouvelables, un réexamen de la structure et du niveau de la fiscalité énergétique peut aider les pays à poursuivre leurs objectifs économiques, sociaux et environnementaux de la façon la plus efficace possible.

Graphique 5.1. La fiscalité énergétique dans le secteur agricole varie selon les pays

(% des recettes totales des taxes environnementales provenant du secteur, 2010 ou dernière année disponible)

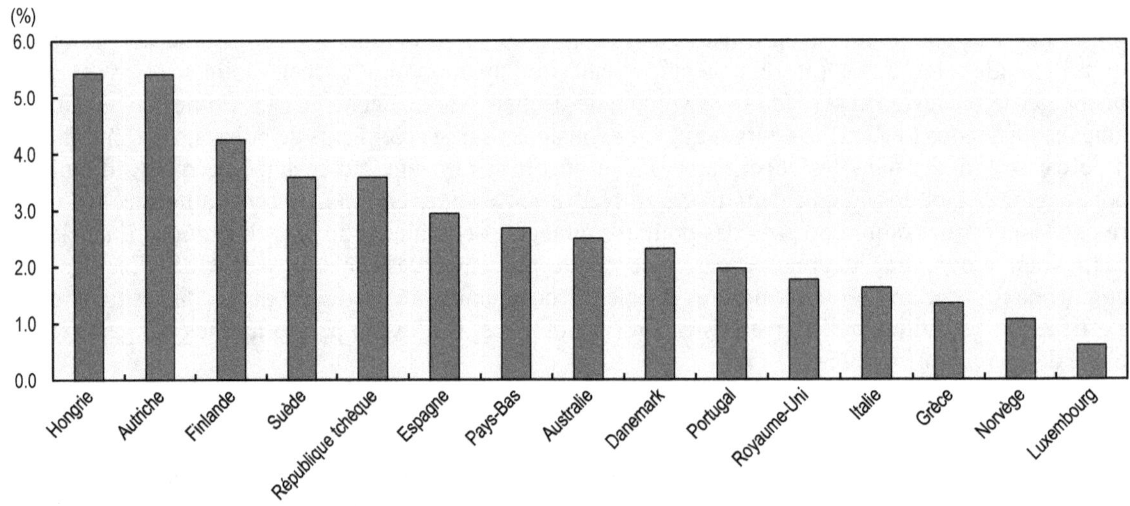

Note : Comprend la foresterie ; NACE REV2.
Source : EUROSTAT ; Australian Bureau of Statistics (ABS) (2013), « Towards the Australian Environmental-Economic Accounts », Information Paper, Canberra.

Potentiel des accords volontaires avec le secteur privé

Les avantages prêtés aux accords volontaires entre les pouvoirs publics et le secteur privé par rapport aux mesures contraignantes sont qu'ils offrent plus de souplesse aux entreprises, tirent parti des connaissances spécialisées de celles-ci, réduisent globalement les coûts, stimulent l'innovation et renforcent la compréhension et la confiance entre les parties prenantes (Segerson et Miceli, 1998).

Les accords volontaires peuvent être efficaces, surtout lorsqu'il est difficile de prendre ou de faire respecter des dispositions réglementaires et lorsqu'ils sont porteurs d'avantages directs. Cela étant, le secteur privé peut être moins réceptif à l'idée de mesures volontaires lorsque les possibilités d'action les moins coûteuses pour protéger le climat ont été épuisées (OCDE, 2016). Pour maximiser l'efficacité des accords volontaires, il convient de les compléter par des incitations financières, par une assistance technique si besoin est et par la menace de mesures fiscales ou réglementaires au cas où les entreprises ne tiendraient pas leurs engagements.

En règle générale, les accords volontaires sont des accords signés et juridiquement contraignants assortis d'objectifs chiffrés à long terme (généralement 5-10 ans) ; donnent lieu à des plans de mise en œuvre au niveau du secteur ou des entreprises destinés à atteindre les objectifs ; imposent un suivi annuel et l'établissement de rapports sur l'avancement de la réalisation des objectifs ; s'accompagnent d'une vraie menace de durcissement de la réglementation ou de relèvement de la fiscalité sur les émissions de GES liées à l'énergie si les objectifs ne sont pas remplis ; et prévoient des programmes de soutien effectif pour aider les entreprises à atteindre les objectifs fixés.

Graphique 5.2. L'énergie est en moyenne moins taxée en agriculture que dans les autres secteurs

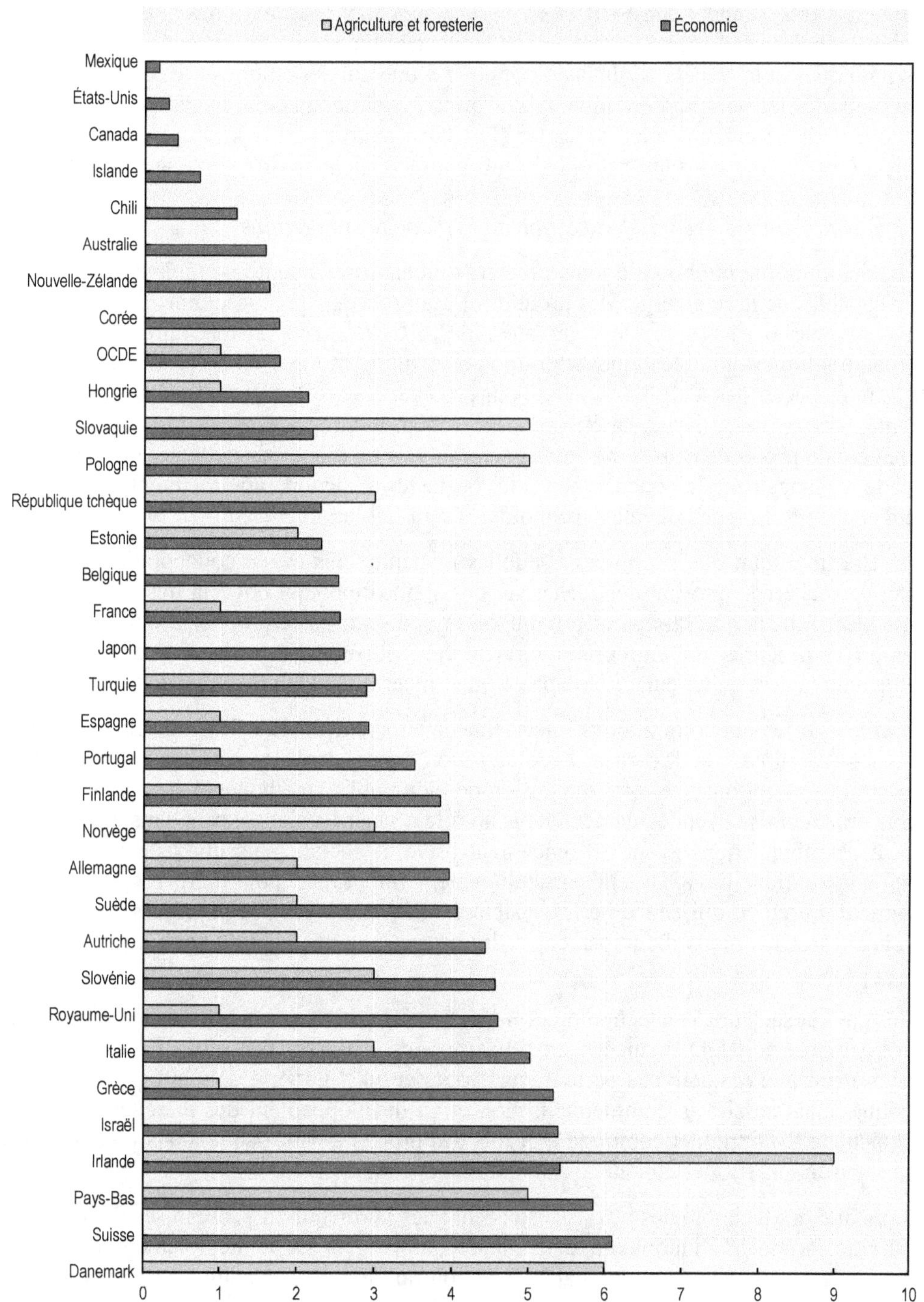

Note : Montant des taxes au 1er avril 2013. Pour plus de détails sur la méthodologie, voir OCDE (2015).

Parmi les accords volontaires assortis d'objectifs chiffrés qui ont donné de bons résultats, on peut citer les accords sur le changement climatique au Royaume-Uni et les accords à long terme aux Pays-Bas (voir section suivante). La Table ronde Food-SCP (*European Food Sustainable Consumption and Production Round Table*), première instance à réunir les acteurs de la chaine alimentaire européenne, les responsables de l'élaboration des politiques et la société civile dans l'optique d'une collaboration sur les questions de viabilité écologique, est surtout tournée vers la promotion de l'information et de la communication pour permettre aux consommateurs de choisir en connaissance de cause (FoodDrinkEurope, 2012). Des critères et objectifs de durabilité pourraient être intégrés dans les cadres existants consacrés à la modification de la composition.

Une politique d'innovation tournée vers la facilitation de l'efficacité énergétique

Le secteur public a un rôle important à jouer en créant un environnement favorable à des activités de R-D et d'innovation capables de faire émerger des produits et des procédés qui consomment moins d'énergie (et émettent moins de carbone) (voir les travaux de l'OCDE sur l'innovation en agriculture, www.oecd.org/fr/tad/politiques-agricoles/innovation-food-agriculture.htm). Il s'agit notamment de définir clairement et de faire respecter des « règles du jeu » pour protéger les droits de propriété à l'intérieur du cadre législatif et réglementaire régissant l'innovation verte. Beaucoup d'entreprises agroalimentaires partagent des innovations en matière de procédés dans le cadre de coentreprises ou d'accords de licence afin de développer leur activité, et cette tendance peut être encouragée si les obstacles à la coopération interentreprises en matière de développement et d'utilisation de nouvelles technologies sont faibles.

Il peut aussi être important que les pouvoirs publics mènent, seuls ou en collaboration avec le secteur privé, des activités de recherche pouvant déboucher sur des applications qui ont à la fois un rendement privé et un rendement collectif, mais que le secteur privé n'aurait peut-être pas entreprises seul, que ce soit parce que les bénéfices privés procurés aux entreprises auraient été insuffisants (alors que la prise en compte des bénéfices collectifs rend la démarche rentable) ou parce que l'incertitude était trop grande.

Il peut être utile que les pouvoirs publics interviennent directement dans le financement d'activités de recherche qui sont susceptibles de favoriser l'écologisation, mais dont les résultats ou les applications pratiques sont incertains ou qui ont une forte dimension de bien public (méthodes d'économie d'énergie, par exemple). Les gouvernements peuvent également avoir un rôle à jouer en s'engageant dans des activités de R-D qui aboutiront à des applications ayant un rendement privé et social, mais qui risquent de ne pas être menées sans leur intervention. La R-D sera particulièrement importante pour faire progresser l'efficacité énergétique en agriculture en ce qui concerne les systèmes intervenant dans le processus de production, les activités opérationnelles et les biens d'équipement et infrastructures des exploitations mis au service de la production.

Dans certains pays et secteurs, des technologies nouvelles économes en énergie ont été mises au point en partie grâce à des activités de RDD financées sur fonds publics. L'expérience montre qu'il faut parfois de nombreuses années avant que ces activités portent leurs fruits et qu'il importe de s'intéresser non seulement au progrès technique, mais aussi à la commercialisation et au développement des marchés. Par ailleurs, un portefeuille de projets de R-D prudent comporte à la fois des projets à haut risque, mais potentiellement très rentables, et des projets moins risqués ciblant des améliorations progressives.

En outre, alors que des technologies novatrices et rentables permettant d'économiser l'énergie devraient continuer d'apparaître, stimuler l'innovation dans le développement et le déploiement de technologies économes en énergie de prochaine génération par la R-D pourrait assurer des gains de productivité soutenus. La R-D dans ce domaine peut produire des bénéfices privés en permettant aux entreprises de consommer moins de ressources au moment où leur coût ne cesse d'augmenter ou de maîtriser les coûts liés au respect des normes environnementales. Elle peut également rendre les produits plus attrayants pour les consommateurs soucieux de réduire l'impact environnemental de leurs décisions d'achat, et donc faire progresser les ventes d'une entreprise. Ces deux évolutions peuvent aider les entreprises à être rentables et à survivre dans un environnement concurrentiel.

Si l'on admet que l'innovation a un rendement économique en réduisant les coûts ou bien en augmentant les ventes, une question importante est de savoir s'il existe des mécanismes qui permettent aux entreprises d'obtenir les financements nécessaires au développement de nouvelles technologies. Les grandes entreprises plutôt prospères sont souvent en mesure de financer leurs activités de recherche-développement sur leurs recettes, mais les petites et moyennes entreprises ont généralement plus de mal à faire de même. Les secondes ont besoin de financements extérieurs qui, selon la situation des marchés de capitaux, peuvent ne pas être aisément accessibles. En outre, certaines entreprises peuvent être tout simplement trop petites pour investir dans la R-D à l'échelle voulue, même lorsque des financements sont disponibles. Une forme ou une autre d'action collective des entreprises peut être nécessaire pour que cet investissement devienne viable.

Les politiques contribuant à créer des conditions propices resteront déterminantes pour l'investissement dans l'efficacité énergétique, même en cas de faiblesse des prix du pétrole

L'investissement dans l'efficacité énergétique peut être risqué en raison de son irréversibilité et des fluctuations des prix de l'énergie. Si ces prix baissent, le rendement de l'investissement diminue lui aussi. Plusieurs études employant des méthodologies différentes rapportent des liens étroits entre les prix de l'énergie et ceux des produits de base non énergétiques (Baffes et al., 2015). Il apparaît que les prix de l'énergie sont depuis 2005 le plus important déterminant de la variation des prix alimentaires (Baffes et Haniotis, 2016)[7].

Une hausse des prix des produits agricoles se traduit par une augmentation du revenu des entreprises agricoles, dont les capacités d'investissement peuvent donc s'en trouver renforcées. Il peut en résulter des investissements dans des systèmes d'entreposage, des machines et des pratiques de gestion des terres économes en énergie. Dans le même ordre d'idées, un renchérissement de l'énergie a pour conséquence directe une hausse des coûts, notamment pour les secteurs alimentaires tributaires de l'énergie, ce qui crée une incitation à économiser plus encore l'énergie.

Une baisse des prix énergétiques a pour principal avantage pour le secteur agricole de réduire les coûts de production et de transport. Cependant, un fléchissement des prix du pétrole s'accompagnerait aussi très vraisemblablement d'un recul des prix agricoles – et cela conduirait à l'arrêt des actions de promotion de l'efficacité énergétique. D'après Baffes et Haniotis (2016), une baisse de 45 % des prix du pétrole devrait entraîner une diminution d'environ 10 % des prix des produits agricoles.

La faiblesse des prix du pétrole a aussi une série de répercussions sur la chaine alimentaire. D'abord et surtout, il faut s'attendre à ce qu'elle tire également vers le bas les prix d'autres produits de base, à commencer par le gaz naturel qui est un intrant essentiel dans la production d'engrais (en particulier d'engrais azotés)[8]. Elle peut par ailleurs réduire le coût d'opportunité de la production de biocarburants. Cependant, la perte d'attractivité de la production de biocarburants dans un contexte de faiblesse des prix du pétrole sera sans doute atténuée par les politiques publiques en place. Comme l'affectation de denrées alimentaires à la production de biocarburants découle le plus souvent des obligations définies par les politiques publiques, la hausse de la consommation de pétrole suscitée par le faible niveau des prix pétroliers risque en fait d'accroître la quantité de céréales et d'oléagineux consacrée à cette production.

D'après les travaux d'analyse de Marshall et al. (2015), aux États-Unis, le faible niveau des prix énergétiques en 2015 et 2016 ne devait dans l'ensemble avoir qu'un impact modeste sur l'agriculture (superficies et prix), vu la faible ampleur des modifications de la production et l'inélasticité de l'offre de superficies cultivables par rapport au rendement net obtenu par les producteurs (autrement dit, la variation de ce rendement ne modifie guère les superficies)[9]. Les effets sur les différents produits dépendent de l'importance de l'énergie dans leurs coûts de production et de leur utilisation éventuelle comme intrants dans la production de biocarburants. La baisse des prix du gaz naturel aux États-Unis due au gaz de schiste n'a pas fait diminuer le prix des engrais, parce que le prix des engrais est déterminé au niveau mondial, tandis que les prix du gaz naturel sont régionaux (Hitaji et Suttles, 2016). D'après Hausman et Kellogg (2015), le prix de l'ammoniac aux États-Unis ne diverge pas considérablement des prix mondiaux après 2007, malgré la forte diminution du prix du gaz naturel aux États-Unis.

Dans certains pays, le fléchissement des prix pétroliers a aussi créé des conditions favorables à une réduction des subventions à l'utilisation finale d'énergies fossiles, qui grèvent l'attractivité économique des investissements dans l'efficacité énergétique. Plusieurs pays, dont l'Autriche, les Pays-Bas, l'Inde, l'Indonésie, la Malaisie et le Mexique, ont ainsi diminué ou supprimé récemment leurs subventions à la consommation d'énergie.

Même si le recul marqué des prix mondiaux du pétrole et des prix régionaux du gaz observé dans un passé récent a rendu moins intéressant financièrement l'investissement dans l'efficacité énergétique, l'AIE n'a pas trouvé d'éléments indiquant que cela vaut pour l'économie dans son ensemble (AIE, 2015). Les investissements dans l'efficacité énergétique resteront sans doute orientés à la hausse sous l'effet de politiques plus vigoureuses et plus globales, qui entraîneront par exemple un durcissement de la réglementation applicable aux nouveaux bâtiments, produits, véhicules et services collectifs, et qui reconnaissent l'amélioration de l'efficacité énergétique comme l'un des moyens les plus économiques de répondre aux défis en matière de sécurité énergétique, de productivité, de pollution de l'air local et de changement climatique (AIE, 2015)[10].

Sensibilisation du public aux possibilités d'économies d'énergie

Faire mieux prendre conscience de la façon dont l'énergie est utilisée et où est primordial pour concevoir des mesures performantes en faveur de l'efficacité énergétique. Afin de déterminer s'il revient moins cher d'investir largement dans l'efficacité énergétique pour faire baisser la demande d'énergie que de faire appel à de nouveaux approvisionnements énergétiques, il importe de disposer d'informations fiables sur les avantages nets des économies d'énergie, notamment sur le coût des programmes, la valeur de l'énergie économisée et les éventuels avantages connexes. Jusqu'à une époque récente, l'efficacité énergétique n'était guère prioritaire aux yeux des producteurs et des consommateurs. L'industrie alimentaire, par exemple, se préoccupe en premier lieu de la sécurité, de la qualité et de l'hygiène des produits commercialisés. En règle générale, l'efficacité énergétique est jugée prioritaire seulement lorsque l'énergie coûte cher au lieu d'être considérée comme un impératif de base.

Moyennant un meilleur accès à des informations crédibles sur leur consommation d'énergie et sur les moyens de la faire baisser, les entreprises pourront prendre des décisions plus avisées en matière d'énergie. Un bon niveau d'information et d'analyse peut réduire les risques et l'incertitude et aider les entreprises à obtenir des financements pour leurs projets d'efficacité énergétique en étayant la crédibilité de ceux-ci.

En règle générale, la politique en faveur de l'efficacité énergétique menée dans les pays de l'OCDE a surtout été axée sur la réduction de la consommation d'énergie des bâtiments, des appareils, des véhicules et des activités industrielles. Elle s'est moins intéressée à la modification des comportements de consommation (c'est-à-dire aux moyens d'encourager les individus à consommer différemment).

Les campagnes d'information du public font appel à la communication via les médias et à d'autres outils de marketing social pour améliorer les connaissances individuelles et collectives. C'est de loin le moyen le plus utilisé par les gouvernements pour tenter de favoriser une alimentation saine (Capacci et al., 2012). Si le recours aux campagnes d'information est aussi prisé dans ce contexte, c'est sans doute en partie parce que celles-ci n'imposent pas directement des restrictions ou des coûts aux entreprises. La promotion de messages positifs a été au cœur des différentes campagnes encourageant les citoyens à consommer « 5 fruits et légumes par jour » (voire davantage au Danemark, au Japon et en Australie, par exemple).

Il importe de rappeler que les campagnes de sensibilisation du public à l'efficacité énergétique sont relativement récentes et que leur efficacité au long cours est donc difficile à évaluer[11]. Les connaissances théoriques et empiriques sur la façon dont les normes sociales évoluent sur le long terme sont très lacunaires. En revanche, on sait que le marketing social est un élément essentiel de toute panoplie de mesures axée sur la durabilité et l'empreinte carbone des aliments. Les pouvoirs publics doivent évaluer les données disponibles et indiquer aux consommateurs et aux entreprises par un message clair ce qui est important et ce qui ne l'est pas, et donc quelles évolutions de la consommation et de la production alimentaires doivent être encouragées.

Ce faisant, ils pourront clarifier certains points qui sont source de confusion, comme la question de savoir si les aliments produits dans le pays sont plus respectueux du climat que les aliments importés.

Pour que les mesures publiques aient durablement un impact, elles nécessitent des investissements soutenus. Les campagnes de marketing social de courte durée risquent d'être vouées à l'échec. À titre d'exemple, l'évaluation d'une campagne d'information sur les fruits et légumes menée dans l'État d'Australie-Occidentale montre que la consommation de ces produits a sensiblement augmenté au moment de la campagne, mais qu'elle est retombée immédiatement après (Pollard et al., 2008). Des recherches nettement plus fouillées s'imposent sur les liens de causalité entre les campagnes et l'évolution à long terme des comportements et modes de consommation.

Un autre argument en faveur du marketing social est sa large acceptation par le public et par les entreprises. Cela étant, les campagnes d'information du public sont peut-être d'autant plus efficaces qu'elles sont menées en synergie avec d'autres mesures, comme le développement de l'offre ou l'amélioration de l'étiquetage (EATWELL, 2012). En outre, il est difficile de faire réellement évoluer les habitudes des consommateurs en matière de régimes alimentaires et de préparation des aliments si des liens ne sont pas établis avec les objectifs de santé publique. Par exemple, l'instauration d'incitations financières ou de taxes pour dissuader les gens de consommer des aliments à forte teneur en graisses animales peut s'inscrire dans le cadre d'efforts nationaux de lutte contre les maladies cardiaques et l'obésité.

Un étiquetage qui informe les consommateurs sur la composition des aliments et les aide à choisir en connaissance de cause ce qu'ils mangent peut aider à surmonter les défaillances du marché en matière d'information. L'étiquetage nutritionnel et l'éco-étiquetage visent à assurer cette information et à permettre ces choix ; c'est une condition nécessaire pour surmonter les défaillances du marché en matière d'information, mais ils ne permettent pas de régler les problèmes d'externalité ou de bien public associés à la consommation alimentaire. Cependant, des consommateurs éduqués et informés peuvent en principe être ciblés de manière appropriée par les entreprises alimentaires dans le cadre du développement des produits et du marketing, ce qui ouvre des possibilités d'expansion du marché (des aliments durables).

Trois dispositifs marqués par une forte participation et d'importantes économies d'énergie : les Agriculture Programs d'Efficiency Vermont, le Farm-Save Energy Program du Wisconsin et le Farm Energy Conservation Improvement Program de Xcel Energy

Ces trois dispositifs ont donné lieu à une forte participation et engendré d'importantes économies d'énergie, comme l'ont montré les évaluations approfondies dont ils ont fait l'objet. Le FarmSave Program est de nature exclusivement éducative, alors que les deux autres mettent aussi en jeu des incitations financières pour le secteur agricole. Le FarmSave Program est mis en œuvre par le bureau d'étude En-Save Energy et financé par des fonds de l'État destinés à favoriser notamment l'efficacité énergétique (*public benefits funds*). Programme de vulgarisation et d'éducation, il s'adresse à tous les types d'exploitations et fait appel à un large éventail d'experts pour aider les agriculteurs à améliorer leur efficacité énergétique. Les participants sont également informés sur les éventuelles incitations financières disponibles à l'appui des projets de modernisation, ce qui permet au programme de contribuer davantage encore aux économies d'énergie.

Les programmes d'Efficiency Vermont s'adressent eux aussi à tous les types d'exploitations et ont permis de nouer des contacts avec quasiment 100 % des agriculteurs du Vermont grâce aux relations de collaboration avec d'autres programmes menés dans l'État. Ils offrent une gamme de services complète, avec notamment des diagnostics énergétiques des exploitations et des activités pédagogiques et d'assistance technique et financière pour appuyer la mise en œuvre de leurs recommandations.

Le programme de Xcel est lui aussi mis en œuvre par En-Save Energy et prévoit des activités d'éducation et de vulgarisation menées dans le cadre d'ateliers et de rencontres directes avec les agriculteurs. Dans le prolongement des activités pédagogiques, il propose aux participants des incitations financières pour les aider à acquérir et installer des équipements économes en énergie. Comme ils accordent une large place à l'évaluation, ces programmes démontrent qu'une forte participation entraîne souvent d'importantes économies.

Source : Brown, Elliott et Nadel (2005).

En plus d'inciter les consommateurs à changer leurs comportements, l'étiquetage encourage l'innovation en matière de produits et de procédés dans l'optique de produits plus propres et plus économes en énergie (émissions de GES) ; ces démarches peuvent améliorer la réputation des marques concernées et permettre de démontrer de façon crédible l'engagement des entreprises en faveur de la réduction de leur impact environnemental (PEF, 2014). Aux Pays-Bas, les critères d'attribution du logo *Vinkje* ont entraîné une baisse sensible de la teneur en sel des produits existants, une hausse de la teneur en fibres des produits nouveaux et une diminution de la teneur en acides gras saturés et en sucres ajoutés des produits laitiers (Vyth et al., 2010).

Dans la perspective de l'instauration d'un étiquetage énergétique, un défi important tient au fait que les logos de « qualité » sont déjà nombreux et que de nouveaux logos continuent d'être créés ; dans ces conditions, il est difficile d'éveiller l'intérêt des consommateurs pour un nouveau label ou dispositif d'information et de faire en sorte qu'ils le reconnaissent et y réagissent en modifiant leurs comportements (Hasler, 2008 ; Mhurchu et Gordon, 2007). Aussi, Lang (2013) a proposé la création d'un label polyvalent pour indiquer qu'un produit respecte un éventail de critères de qualité, mais l'obtention d'un accord sur un système équitable, la communication sur ce système et sa mise à jour soulèveraient des problèmes considérables. De nouvelles études sont nécessaires pour appréhender les solutions envisageables et les obstacles à surmonter.

La conception de labels destinés à être apposés sur les aliments vendus au détail et indiquant la quantité d'énergie consommée pour les produire, les transformer, les emballer et les distribuer pourrait encourager les consommateurs à tenir compte de l'impact de leurs achats en termes de consommation d'énergie et d'émissions de GES. Il s'agirait toutefois d'une démarche complexe qui devrait pouvoir s'appuyer sur des normes internationales permettant de mesurer la consommation d'énergie au moyen de méthodologies d'analyse du cycle de vie uniformisées pour prendre en compte tous les stades de la chaine alimentaire (Ziesemer, 2007).

Même si les mesures d'information sont généralement les moins controversées – du moins lorsqu'elles touchent les régimes alimentaires et la santé –, Capacci et al. (2012) estiment qu'elles sont tributaires de la disposition des consommateurs à modifier leur régime alimentaire et, bien souvent, de leur consentement à payer pour le faire, et que, s'agissant du changement climatique qui a des caractéristiques de bien public, elles se heurtent au problème classique de sous-production et de consommation des biens publics. Seules des méthodes d'intervention directe sur le marché sont de nature à éliminer pleinement ce problème. Le programme *ENERGY STAR* aux États-Unis illustre bien l'impact que peut avoir une initiative d'étiquetage et d'éducation bien conçue et bénéficiant d'une large promotion. Toutefois, ces « mesures douces » ont tendance à être plus efficaces lorsqu'elles sont associées à des incitations financières, des accords volontaires ou des mesures réglementaires (Nadel et Geller, 1996).

Quelques exemples nationaux

Au cours des dernières décennies, les gouvernements de plusieurs pays ont adopté des mesures pour maîtriser la demande d'énergie et améliorer l'efficacité énergétique dans la chaine alimentaire. Ces mesures s'inscrivent généralement dans des cadres d'action plus larges destinés à réduire la consommation d'énergie de l'économie dans son ensemble et à encourager des comportements plus économes en énergie.

Australie – Accroître l'investissement privé par le biais de la Clean Energy Finance Corporation

La Clean Energy Finance Corporation (CEFC) est une banque publique australienne créée pour favoriser l'afflux de financements dans le secteur des énergies propres (www.cleanenergyfinancecorp.com.au/what-we-do.aspx). Sa principale mission est l'investissement dans des activités de réduction des émissions dans le pays. Elle a en particulier pour objectif d'accroître l'investissement dans des projets menés en Australie qui sont en rapport avec l'efficacité énergétique, la commercialisation et le déploiement des énergies renouvelables et les technologies à faibles émissions. Pour l'atteindre, elle applique une stratégie d'investissement tournée vers les solutions de production d'électricité plus propres, dont le solaire, l'éolien et les bioénergies, et vers l'amélioration du cadre bâti, avec notamment des investissements dans l'efficacité énergétique des bâtiments, des véhicules, des infrastructures et des entreprises. Elle intervient également avec des co-investisseurs afin de développer de nouvelles sources de financement du secteur des énergies propres.

Les décisions d'investissement de la CEFC obéissent à une logique économique : elles privilégient les projets et les technologies ayant atteint un stade de développement avancé. Au moment de décider de ses investissements et de l'octroi ou non de financements assortis de conditions de faveur, la banque tient compte des externalités positives et des résultats sur le plan des politiques publiques, conformément à l'objectif que lui ont assigné les pouvoirs publics.

La CEFC a conclu des partenariats avec deux des plus grandes banques australiennes pour les prêts aux projets axés sur l'efficacité énergétique. Ainsi, 120 millions AUD ont été alloués à des projets d'amélioration de l'utilisation d'énergie via la National Australia Bank, et 100 millions AUD de prêts aux entreprises ont été cofinancés par la Commonwealth Bank et le gouvernement australien. Les financements sont réservés aux projets d'une valeur inférieure ou égale à 5 millions AUD visant à réduire la consommation d'énergie et les émissions de carbone dans les petites et moyennes entreprises, exploitations agricoles comprises. Parmi les projets soutenus par la CECF dans la chaine alimentaire, on peut citer l'installation de panneaux solaires dans la plus grande entreprise australienne du secteur bovin, AACo, la valorisation énergétique des déchets dans l'entreprise Darling Downs Fresh Eggs, dans l'État du Queensland, et un système solaire thermique destiné au dessalement de l'eau de mer pour la production de tomates dans les Sundrop Farms, en Australie-Méridionale.

Danemark – En tant que fournisseur d'énergie verte, l'agriculture joue un rôle clé dans la transition vers l'indépendance à l'égard des combustibles fossiles

L'importance attachée au développement des énergies renouvelables dans le secteur agricole constitue un élément central de la Stratégie de croissance verte du Danemark. Cette stratégie contribue à l'objectif énergétique à long terme du pays, qui est la totale indépendance à l'égard des combustibles fossiles à l'horizon 2050. Elle prévoit en particulier de renforcer le rôle du secteur agricole en tant que fournisseur d'énergie : jusqu'à 15 % des terres arables doivent être consacrées aux cultures énergétiques – ce qui représente une multiplication par 16 de la production d'énergie d'origine agricole – et la part des effluents d'élevage valorisés en énergies vertes doit être portée de 5 % à 50 % d'ici à 2020.

Diverses mesures sont prévues pour atteindre ces objectifs, dont un soutien annuel pour financer les investissements de départ dans le biogaz. Les agriculteurs qui décident de traiter le lisier pour produire du biogaz reçoivent une prime de 75 DKK par m^3. Une installation de production peut être utilisée par 100 agriculteurs au maximum. Dans le cadre de ce programme, une subvention couvrant jusqu'à 20 % du montant de l'investissement peut être obtenue. Le solde est financé pour 60 % par un prêt garanti par la commune et pour 20 % par des ressources propres. Les communes sont tenues de prévoir dans leurs plans la construction d'installations de méthanisation, tout comme l'attribution de subventions pour la vente du biogaz aux centrales de cogénération et au réseau de gaz naturel.

Union européenne – Le rôle moteur de la directive sur l'efficacité énergétique

La directive de 2012 relative à l'efficacité énergétique (DEE) prévoit une série de mesures contraignantes pour aider l'UE à atteindre son objectif visant à économiser 20 % de la consommation d'énergie primaire par rapport aux projections d'ici à 2020 (https://ec.europa.eu/energy/en/topics/energy-efficiency/energy-efficiency-directive). Elle fait obligation à l'ensemble des pays de l'UE d'utiliser plus efficacement l'énergie à tous les stades de la chaîne énergétique, de la production à la consommation finale. Tous les secteurs hormis les transports sont concernés. Le 30 novembre 2016, la Commission européenne a proposé d'actualiser la DEE en fixant un nouvel objectif d'économies d'énergie de 30 % d'ici à 2030.

La DEE prévoit un large éventail d'approches et de mesures, parmi lesquelles des objectifs nationaux indicatifs en matière d'efficacité énergétique, des stratégies de réduction de la consommation d'énergie des bâtiments existants, des exigences en matière d'efficacité énergétique dans le cadre des marchés publics, l'obligation pour les entreprises énergétiques d'aider leurs clients à économiser l'énergie et l'amélioration du comptage et de la facturation au niveau des clients. S'agissant d'une directive européenne, la DEE est un instrument juridique dont les dispositions doivent être transposées dans les législations nationales des États membres, même si ceux-ci jouissent d'une certaine flexibilité pour le faire.

Finlande – Une série de mesures en faveur de l'efficacité énergétique et un soutien à la filière biogaz pour promouvoir les énergies renouvelables

Adopté en 2014, le Plan national d'action pour l'efficacité énergétique de la Finlande prévoit cinq mesures intéressant le secteur agricole : investissement dans les centrales de chauffage (dont des installations à l'échelle des exploitations fonctionnant au biogaz) ; investissement dans la construction de silos permettant de limiter le séchage des céréales ; investissement dans l'efficacité énergétique des étables et élevages porcins ; projets de remembrement parcellaire ; et programme sur l'énergie et les exploitations agricoles (https://ec.europa.eu/energy/sites/ener/files/documents/2014_neeap_en_finland.pdf).

Le soutien à l'investissement représente entre 10 % et 40 % des coûts d'investissement. D'après les estimations, les économies d'énergie découlant de ces mesures ont atteint 17 % pour l'année 2016 dans le secteur agricole et pourraient s'élever à 21 % à l'horizon 2020.

C'est l'investissement dans les centrales de chauffage fonctionnant à la biomasse plutôt qu'au fioul qui permet de réaliser les plus importantes économies d'énergie. L'objectif du soutien aux investissements est de favoriser le recours aux sources d'énergie renouvelables, l'utilisation plus rationnelle de l'énergie et les économies d'énergie, l'adoption de nouvelles technologies énergétiques et la réduction des dommages environnementaux imputables à la production et à l'utilisation d'énergie.

Par exemple, le soutien à la construction de chaufferies, à leur expansion ou à leur rénovation est accordé uniquement pour celles qui utilisent une source renouvelable, dont la biomasse. Si la chaufferie fonctionne à la tourbe, elle doit aussi pouvoir produire de la chaleur à partir de bois ou d'une autre source d'énergie renouvelable. L'utilisation de pétrole, de charbon ou d'autres sources d'énergie fossile ne donne droit à aucune aide. Par ailleurs, le montant du soutien varie en fonction de la nature de l'installation. Pour que les investissements en bénéficient, la production ne doit pas dépasser la consommation annuelle moyenne de l'exploitation agricole.

Le Programme sur l'énergie et les exploitations agricoles s'inscrit dans le cadre d'un accord volontaire d'économies d'énergie signé en 2010 entre le ministère finlandais de l'Agriculture et de la Forêt et les organisations de producteurs pour la période 2010-16. Il encourage des améliorations au long cours de l'efficacité énergétique et le recours aux énergies renouvelables. Il vise également à favoriser la réalisation des objectifs énergétiques et climatiques nationaux définis pour permettre à la Finlande de respecter ses engagements internationaux.

Ce programme est le principal instrument mis en place pour atteindre les objectifs d'économie d'énergie fixés au niveau de l'UE pour le secteur agricole, et il définit un objectif indicatif de réduction de la consommation d'énergie de 9 % en 2016 pour les exploitations agricoles participantes. Les consommations ciblées sont celles d'électricité, de chauffage, de carburants destinés aux machines agricoles et d'eau.

L'ambition de départ était de faire participer au programme des exploitations représentant au moins 80 % de la consommation d'énergie du secteur agricole. Pour ce qui est de la mise en œuvre, les exploitations souscrivant au programme bénéficient de prestations qui varient en fonction de leur consommation d'énergie : cela va d'un plan de maîtrise interne pour les petits consommateurs à un diagnostic énergétique de l'exploitation pour les plus gros consommateurs. Une subvention publique pouvant couvrir jusqu'à 100 % des coûts d'élaboration d'un plan énergétique pour l'exploitation est proposée (contre 85 % avant 2015). Une révision du programme a été lancée en janvier 2015, à la suite de l'adoption du programme de développement rural pour la période 2014-20 financé par l'UE. Le rapport d'évaluation final publié en octobre 2015 a montré que l'objectif de départ avait été excessivement optimiste, puisque 484 exploitations seulement avaient adhéré au programme. Cela étant, il a aussi montré que le programme et ses services étaient jugés très utiles par les exploitants participants.

Énergies renouvelables

La Stratégie climatique et énergétique à long terme de la Finlande adoptée en 2008 prévoyait un recours accru au biogaz d'ici à 2020[12]. Afin d'encourager la cogénération à partir de biogaz, les pouvoirs publics ont mis en place un système de tarifs d'achat fondé sur le marché et financé par le budget de l'État (dont seules les installations d'au moins 150 kVA peuvent bénéficier).

Des financements publics sont en outre proposés pour des projets de recherche, d'étude, de formation et de communication en faveur de la construction d'installations de production de bioénergie, et pour des projets pilotes destinés à mettre en application les nouvelles connaissances et technologies issues de la recherche. Un objectif particulier du soutien est de promouvoir la construction de centrales de production de biogaz dans les régions où il existe d'importantes populations d'animaux d'élevage, avec les impacts sur l'environnement qui en résultent. En plus de produire des énergies renouvelables (électricité, chaleur, carburants), ces centrales ont aussi des effets bénéfiques sur l'environnement en ce qu'elles permettent une meilleure valorisation des effluents d'élevage et une réduction des émissions de GES. Le soutien est principalement destiné aux centrales au biogaz qui ne remplissent pas les critères pour bénéficier du système de tarifs d'achat.

Outre le soutien à la production et à l'utilisation de biogaz, des aides à l'investissement dans les bioénergies ont été accordées aux micro-entreprises et aux petites et moyennes entreprises rurales dans le cadre du Programme de développement rural finlandais 2007-13. Ainsi, des aides financières ont été fournies aux installations de bioraffinage, de production d'énergie tirée de la biomasse ou à d'autres projets de construction liés à la bioénergie.

France – Action ciblant les processus énergivores, l'utilisation de tracteurs et les énergies renouvelables

L'amélioration des performances énergétiques des exploitations agricoles est l'un des engagements du Grenelle de l'environnement ; elle est prévue par l'article 31 de la loi Grenelle I de 2007. Les mesures de soutien ciblent principalement les processus relativement énergivores, à commencer par les productions sous serres chauffées, les productions intensives et l'utilisation de tracteurs, ainsi que les énergies renouvelables (https://ec.europa.eu/energy/sites/ener/files/documents/2014_neeap_en_france.pdf). Parmi les principaux programmes figurent les certificats d'économie d'énergie (CEE) et le Plan de compétitivité et d'adaptation des exploitations agricoles – conciliation de la performance économique et écologique (PCAE).

Le dispositif des certificats d'économie d'énergie

Créé en 2005, le dispositif des certificats d'économie d'énergie (CEE) cible les secteurs où il existe souvent des gisements d'économie d'énergie : les bâtiments, par exemple, mais aussi les petites et moyennes industries, l'agriculture et les transports. Il fait obligation aux vendeurs d'énergie (électricité, gaz, fioul domestique, GPL, chaleur et froid ...) de respecter des objectifs d'économie d'énergie fixés par les pouvoirs publics. Les vendeurs sont libres de choisir le moyen d'atteindre ces objectifs, comme informer leurs clients sur les possibilités de réduire leur consommation, leur proposer des incitations, mener des programmes de promotion, etc. Ceux qui n'atteignent pas leurs objectifs peuvent acheter des certificats auprès de ceux qui les dépassent ou, à défaut, doivent verser une pénalité.

Ces obligations d'économie d'énergie concernent une quarantaine de grands fournisseurs d'électricité, de gaz, de chaleur et de froid, ainsi que plus de 2 000 distributeurs de fioul domestique et quelque 40 metteurs à la consommation de carburants pour automobiles. L'objectif d'économies d'énergie pour la période du 1er janvier 2015 au 31 décembre 2017 est de 700 TWh cumac (cumulés et actualisés). Depuis le lancement du dispositif, l'équivalent de 907.4 TWh de certificats d'économie d'énergie a été délivré, dont seulement 5 % dans l'agriculture.

Le Plan de compétitivité et d'adaptation des exploitations agricoles – conciliation de la performance économique et écologique

Le principe du Plan de compétitivité et d'adaptation des exploitations agricoles (PCAE) est de fournir à celles-ci des orientations pour leurs investissements (http://agriculture.gouv.fr/sites/minagri/files/plan_pour_la_competitivite_et_ladaptation.pdf), avec trois priorités : la performance énergétique, la modernisation des bâtiments d'élevage et l'agro-écologie. Établi pour la période 2015-2020, il couvre l'ensemble des filières agricoles. C'est l'un des piliers des programmes de développement rural régionaux, qui sont financés par l'État, les régions et le Fonds européen agricole pour le développement rural, moyennant un budget annuel de 200 millions EUR pour la période 2015-20. Des financements peuvent également venir d'autres sources, telles que les agences de l'eau, l'Agence de l'environnement et de la maîtrise de l'énergie (ADEME) et les conseils régionaux.

Les grands axes et les objectifs du PCAE ont été définis conjointement par l'État et les régions et se déclinent autour des quatre priorités suivantes :

- L'élevage, qui est la première priorité du plan, notamment les secteurs avicole et porcin : modernisation des bâtiments d'élevage afin de réduire la consommation d'énergie et de développer les énergies renouvelables.
- Le secteur végétal : amélioration des performances économiques et environnementales du secteur, maîtrise des intrants et protection des ressources naturelles (érosion des sols, eau, biodiversité...), rénovation du verger, investissement dans les serres et dans les secteurs du chanvre, du lin, de la fécule de pommes de terre et du riz.
- L'amélioration de la performance énergétique de toutes les exploitations agricoles : réduire les charges de production et promouvoir les investissements d'économie d'énergie et de production d'énergie renouvelable dans les exploitations, notamment par la méthanisation.
- Une priorité transversale : l'encouragement des projets s'inscrivant dans une démarche agro-écologique.

Toutes les régions se sont engagées dans leurs plans de développement rural respectifs à appuyer la troisième priorité du PCAE, concernant la performance énergétique des exploitations. En outre, en 2015 et 2016, le diagnostic énergie-gaz à effet de serre est demeuré obligatoire pour pouvoir bénéficier d'aides à l'investissement dans les économies d'énergie et la production d'énergie renouvelable.

Lancé en 2009, le *plan de performance énergétique* (PPE) des exploitations agricoles vise une réduction de 30 % de la consommation d'énergie de celles-ci moyennant divers types de mesures et d'investissements, suivant la réalisation d'un diagnostic énergie-GES. Ce diagnostic a pour objectif de faire mieux prendre conscience aux agriculteurs de la consommation d'énergie de leur exploitation, et il met l'accent sur la réduction de la consommation d'énergie, le renforcement de l'efficacité énergétique de l'agriculture, la production d'énergies renouvelables et l'amélioration de la compétitivité des agriculteurs.

Le plan comprend huit axes d'intervention :

- évaluer le bilan énergétique des exploitations agricoles ;
- diffuser largement les diagnostics énergie-GES des exploitations (par l'octroi de subventions notamment) ;
- améliorer l'efficacité énergétique de l'agroéquipement ;
- améliorer l'efficacité énergétique des exploitations (aide à l'investissement en faveur des économies d'énergie) ; encourager les pratiques culturales consommant moins d'intrants (engrais azotés, notamment) ; et favoriser l'utilisation de Certificats d'économies d'énergie ;

- promouvoir la production d'énergie renouvelable, en accordant notamment des aides financières aux agriculteurs décidant de se doter d'équipements tels que des systèmes de chauffage fonctionnant à la biomasse ou à l'énergie solaire, des échangeurs à chaleur ou des pompes à chaleur. Ces aides s'appliquent également aux unités de méthanisation (fermentation anaérobie) et aux équipements des microcentrales électriques non reliées au réseau, comme les petites fermes éoliennes et les panneaux photovoltaïques ;
- prendre en compte les spécificités des départements et territoires d'outre-mer de la France ;
- promouvoir la recherche et l'innovation ; et
- organiser le suivi et l'évaluation du PPE.

Irlande – L'engagement en faveur de la durabilité tout au long de la chaîne d'approvisionnement dans le cadre du programme Origin Green

Programme volontaire de développement durable lancé en 2012 par le Conseil irlandais de l'alimentation (Bord Bia), *Origin Green* engage les transformateurs à fixer des objectifs dans des domaines tels que les émissions, l'énergie, les déchets, l'eau, la biodiversité et la responsabilité sociale des entreprises. Les entreprises inscrites sont au nombre de 533, et 224 d'entre elles, à l'origine de 85 % des exportations irlandaises d'aliments et de boissons, sont des adhérents agréés ayant atteint les objectifs fixés pour décembre 2016 (http://www.origingreen.ie).

Dans le cadre du programme, les entreprises s'engagent à élaborer un plan d'action pour la durabilité et à l'appliquer pendant une période pouvant atteindre cinq ans, au terme de laquelle le plan peut être renouvelé ou actualisé selon les besoins. Ce plan doit fixer clairement des objectifs éloignés dans les principaux domaines d'action (origine des matières premières, procédés de transformation et durabilité sociale) identifiés par l'entreprise. Pour chaque objectif, l'entreprise doit établir un niveau de référence, décider des objectifs à court, moyen et long termes et accepter de rendre compte de ses progrès tous les ans. Les plans sont suivis et évalués par un tiers indépendant.

Le système d'audit de qualité dans les exploitations a été élargi à des mesures de la durabilité qui font le lien entre la production primaire et la transformation des aliments. Ces mesures sont aujourd'hui réalisées sur 60 000 exploitations agricoles dans le cadre de cycles de 18 mois. Un troisième niveau a été incorporé en 2016 avec la participation de distributeurs tiers à titre expérimental, l'ensemble de la filière alimentaire devant à terme être intégré à Origin Green.

Nouvelle-Zélande – Renforcer la croissance et la compétitivité des entreprises par l'amélioration de l'efficacité énergétique

En Nouvelle-Zélande, plusieurs facteurs poussent à améliorer l'efficacité énergétique de la chaine alimentaire, dont l'obligation de réduction des émissions de GES découlant du Protocole de Kyoto. C'est pourquoi le pays s'est fixé pour objectif de porter de 75 % à 90 % la part de l'électricité d'origine renouvelable d'ici à 2020 ; les compagnies d'électricité publiques s'emploient à conseiller les exploitants agricoles pour réduire la demande d'électricité ; et un système national d'échange de quotas d'émission (SEQE) a été mis en place en 2008 et élargi au fil des ans à tous les secteurs de l'économie, dont l'agriculture, même si celle-ci n'a actuellement que des obligations déclaratives.

En 1992, l'autorité nationale de maîtrise de l'énergie (Energy Efficiency and Conservation Authority, EECA) a été créée pour conseiller les entreprises, les propriétaires de logements et les agriculteurs et les aider à économiser l'énergie (www.eeca.govt.nz). La législation fait obligation aux pouvoirs publics de définir des stratégies quinquennales pour l'efficacité énergétique et les économies d'énergie (NZEECS) afin d'orienter les activités de l'EECA concernant la maîtrise de l'énergie et les énergies renouvelables. La NZEECS est conçue en synergie avec la Stratégie énergétique de la Nouvelle-Zélande, qui relève du ministère des Entreprises, de l'Innovation et de l'Emploi. La Stratégie énergétique 2011-21 de la Nouvelle-Zélande est le plan décennal du gouvernement régissant le secteur de l'énergie et son rôle dans l'économie du pays (www.eeca.govt.nz/assets/Resources-EECA/nz-energy-strategy-2011.pdf).

En matière d'efficacité énergétique, le gouvernement a pour mission générale de créer des incitations, de diffuser des informations et de contribuer à l'élimination des obstacles qui empêchent un fonctionnement efficace des marchés. Les initiatives publiques de promotion de l'efficacité énergétique dans le secteur agroalimentaire comprennent des mesures telles que des diagnostics énergétiques, des aides en faveur d'achats permettant des économies d'énergie, des programmes de subventions et des mesures visant à renforcer les capacités du secteur en matière de maîtrise de l'énergie. Les pouvoirs publics encouragent en particulier l'élaboration et l'application de normes sectorielles volontaires de performance énergétique des bâtiments.

Pour atteindre ces objectifs, les pouvoirs publics collaborent avec les entreprises et :

- les encouragent à prendre en compte les coûts d'investissement, mais aussi les coûts d'exploitation des actifs, sachant qu'une mise de fonds initiale plus élevée peut être justifiée par les économies d'énergie réalisées au long cours ;
- s'emploient à renforcer les capacités de gestion, notamment des petites et moyennes entreprises, pour leur permettre de mettre en évidence et d'exploiter les possibilités d'intégrer de bonnes pratiques énergétiques dans leurs stratégies générales ;
- encouragent les entreprises importantes rompues à la maîtrise de l'énergie à plaider en faveur de bonnes pratiques auprès de la communauté des entreprises ;
- font de la R-D énergétique une priorité de financement, afin de promouvoir la mise au point de technologies en matière d'énergies renouvelables et de maîtrise de la demande qui améliorent la sécurité énergétique et favorisent des utilisations efficaces et abordables de l'énergie.

Ces initiatives ont donné beaucoup de bons résultats, permettant par exemple à la grande entreprise laitière Fonterra de réduire de 14 % sa consommation d'énergie par tonne produite et d'abaisser de 9 % les émissions de GES de ses exploitations par litre de lait (Ferrier, 2011).

Pays-Bas – Des objectifs ambitieux d'efficacité énergétique sous l'impulsion des entreprises

La loi sur l'environnement fait obligation aux entreprises et institutions de prendre les mesures d'économie d'énergie pour lesquelles l'investissement initial est pleinement rentabilisé en cinq ans ou moins. Cette obligation concerne tous les secteurs sauf la serriculture. D'après les conclusions d'une étude portant sur l'industrie agroalimentaire, les bilans périodiques de la consommation d'énergie des processus de production donnent les résultats souhaités.

Parmi les réussites, on peut citer les exemples suivants :

- Secteur primaire : prérefroidissement du lait, isolation des conduites, ventilateurs économes en énergie, éclairage à allumage automatique, exploitation de la chaleur corporelle des truies pour les porcelets, production de bulbes à fleur et de champignons sur plusieurs niveaux.
- Transformation des denrées alimentaires : systèmes de maîtrise de l'énergie, réduction des emballages, meilleure isolation des bâtiments, dimensionnement du processus de production, utilisation de technologies modernes, exploitation de la chaleur résiduelle, prérefroidissement et préréchauffage. Les mesures doivent être adaptées aux processus de production spécifiques de chaque entreprise, mais une meilleure isolation et un éclairage économe en énergie sont applicables un peu partout.
- Secteur de la margarine et des matières grasses : optimisation de la consommation d'eau industrielle, isolation des conduites et des annexes.

Accords à long terme (ALT) sur l'efficacité énergétique

À partir du début des années 90, le gouvernement a fait des accords (ou pactes) à long terme sur l'efficacité énergétique (ALT) volontaires – mais pas sans obligations – avec divers secteurs industriels et non industriels un volet important de la politique énergétique néerlandaise. Les accords à long terme contribuent à atteindre l'objectif de réduction de 20 % du CO_2 en 2020. En même temps, le but est de réaliser les objectifs relatifs à l'efficacité énergétique fixés dans l'Accord sur l'énergie. Les ALT en vigueur actuellement sont d'une durée variable, mais ils prennent tous fin en 2020.

Les ALT s'adressent aux entreprises industrielles de taille moyenne ou parfois plus petites. Les grandes entreprises à forte intensité énergétique participent quant à elles à un accord à long terme sur l'efficacité énergétique qui est destiné aux entreprises prenant part au système d'échange de quotas d'émission de l'Union européenne. Les accords sont signés par le gouvernement central (les ministres des Affaires économiques, des Infrastructures et de l'Environnement ; et des Finances ; et dans le cas des ALT également le ministre de l'Intérieur et des relations du Royaume), les autorités provinciales, les entreprises participantes et les organisations syndicales concernées. En l'occurrence, des ALT ont été conclus avec plus de 40 secteurs représentant plus d'un millier d'entreprises et quelque 90 % de la consommation d'énergie primaire de l'industrie du pays.

Tous les quatre ans, les entreprises concernées doivent rédiger un plan d'efficacité énergétique (PEE) indiquant leurs objectifs d'économie d'énergie, ainsi que les mesures qu'elles comptent prendre et le calendrier prévu pour les atteindre. Le PEE décrit les mesures d'amélioration de l'efficacité énergétique des processus de production de l'entreprise, mais il couvre également la gestion de l'énergie ainsi que l'efficacité du produit et de la chaîne d'approvisionnement. S'agissant de l'agriculture, des ALT ont été conclus afin d'améliorer l'efficacité énergétique des entreprises horticoles utilisant des serres chauffées.

La quantité totale d'énergie utilisée sur l'ensemble du cycle de vie d'un produit, depuis les matières premières consommées jusqu'à l'élimination du produit, est prise en compte. L'amélioration de l'efficacité énergétique sectorielle peut résulter de mesures prises par les entreprises pour renforcer les performances de leurs produits (efficacité des procédés), et de mesures ciblant le produit et l'efficacité de la chaîne d'approvisionnement. Cela peut consister notamment à améliorer l'efficacité du transport ou à faire des économies en phase d'utilisation (consommation énergétique plus faible, allongement de la durée de vie, etc.) ou des économies résultant d'une élimination plus efficace et efficiente du produit (réutilisation, recyclage/valorisation des déchets, par exemple). Les entreprises rendent également compte de leur utilisation d'énergies renouvelables.

Le suivi des résultats du programme ALT est assuré par l'Agence néerlandaise pour les entreprises, qui dépend du ministère des Affaires économiques et se charge de la mise en œuvre des politiques en matière de durabilité, d'innovation et de commerce et coopération internationaux. Chaque année, les entreprises prenant part au dispositif doivent communiquer des informations de suivi à l'Agence néerlandaise pour les entreprises. Ces données relatives aux progrès réalisés dans la mise en œuvre de leur PEE et la gestion systématique de l'énergie jettent les bases des rapports sectoriels analysés tous les ans par les membres du groupe consultatif sur la conservation de l'énergie du secteur en question.

Pacte pour une énergie propre et efficiente pour les secteurs agricoles

Le pacte pour une énergie propre et efficiente pour les secteurs agricoles 2008-20 (Agro-pacte) est un contrat visant à atteindre les objectifs suivants : i) réduire les émissions de GES autres que le CO2 de 4 à 6 millions de tonnes d'équivalent CO_2 d'ici à 2020 par rapport aux niveaux de 1990 ; ii) porter la part des énergies renouvelables à 20 % d'ici à 2020 ; et iii) améliorer le niveau d'efficacité énergétique de 2 % par an jusqu'en 2020. En vigueur depuis le mois de juin 2008, ce pacte se terminera en décembre 2020. Une attention particulière est portée à l'utilisation efficiente de la chaleur ainsi qu'au développement de l'énergie éolienne et solaire, y compris sur les toits des bâtiments agricoles.

Différents instruments sont employés pour atteindre ces objectifs :

- Financement de la recherche; dissémination des connaissances ;
- Communication visant à inciter les agriculteurs à incorporer des mesures d'efficacité énergétique dans leurs investissements ;
- des instruments encourageant l'innovation ; et
- des mesures normatives concernant l'efficacité énergétique, les émissions de CO_2 et la durabilité.

L'Agro-pacte prévoit des mesures pour l'ensemble des filières agricoles, y compris l'industrie des produits alimentaires et des boissons. Près de 200 petites et moyennes entreprises opérant dans les secteurs laitier, de transformation de la viande, de la margarine, des matières grasses, de la torréfaction, de la transformation des fruits et légumes, du cacao, de la transformation de la pomme de terre et de la minoterie prennent part à un dispositif distinct d'accords à long terme sur l'efficacité énergétique. Les entreprises participantes s'efforcent d'améliorer leur efficacité énergétique collective de 30 % (en moyenne) sur la période 2005-20.

Le secteur horticole sous serre faisait partie de l'Agro-pacte, mais est convenu d'un nouveau ALT avec le gouvernement. Cet accord de transition énergétique 2014-20 entre le secteur des cultures sous serre et le ministère des Affaires économiques est centré sur la réduction totale des émissions de CO_2 en encourageant les économies d'énergie et l'utilisation d'énergie renouvelable. Il a pour ambition un secteur des cultures sous serre neutre vis-à-vis du climat en 2050.

Royaume-Uni – Les accords sur le changement climatique, une démarche volontaire de réduction des émissions et d'amélioration de l'efficacité énergétique à l'initiative des entreprises

Les accords sur le changement climatique (*Climate Change Agreements, CCA*) sont des dispositifs volontaires. Ils permettent aux gros émetteurs qui remplissent certains critères de bénéficier d'un abattement pouvant atteindre 90 % sur la taxe changement climatique frappant la consommation d'énergie, à condition d'atteindre des objectifs d'efficacité énergétique ambitieux définis avec les pouvoirs publics. Les réductions d'émissions qu'ils engendrent sont importantes, car ils s'inscrivent dans le cadre de la stratégie globale visant à assurer le respect des budgets carbone du Royaume-Uni.

Entré en vigueur en 2013, l'actuel dispositif de CCA prolonge jusqu'en 2023 l'abattement sur la taxe changement climatique qui était accordé aux industries énergivores en contrepartie de la réalisation d'objectifs d'amélioration de l'efficacité énergétique. En tout, 53 secteurs – dont la sidérurgie, l'industrie aérospatiale et l'agriculture (élevages porcins et avicoles intensifs) – ont signé des accords dans plus de 9 000 endroits. Les objectifs sont à remplir par les secteurs participants entre 2013 et 2020. Selon le gouvernement, le dispositif permettra de réaliser d'ici à 2020 des économies d'énergie de 11 % sur l'ensemble des secteurs par rapport au scénario de référence convenu. Ce résultat sera obtenu au moyen de mesures d'un bon rapport coût-efficacité, comme l'optimisation des procédés et le recours à des moteurs à haut rendement, des variateurs de vitesse, des chaudières économes en énergie et des systèmes améliorés de gestion de l'énergie. Les pouvoirs publics sont tenus d'examiner les objectifs définis tous les sept ans afin de s'assurer qu'ils prennent en considération toutes les possibilités d'économiser l'énergie ou de réduire les émissions de carbone, compte tenu de l'évolution des techniques et des marchés.

En ce qui concerne les entreprises agroalimentaires ayant passé un CCA, les objectifs finaux, définis par rapport au scénario de référence, sont de réaliser à l'horizon 2020 des économies d'énergie de : 7.5 % dans les filières agricoles, 13.6 % dans le secteur laitier, 20 % dans celui des ovoproduits, 7 % dans les boulangeries, 13.6 % dans les brasseries, 18 % dans l'industrie des produits alimentaires et des boissons, 14 % dans la vente de produits alimentaires et de boissons (supermarchés), 11.7 % dans les entreprises logistiques affiliées à la Food Storage & Distribution Federation, 14 % dans le secteur horticole, 15 % dans le secteur de la viande, 22.7 % dans le secteur porcin, 15 % dans la transformation de la volaille et 13 % dans les élevages avicoles.

D'après les estimations, les CCA passés avec les entreprises des filières porcine et avicole et des secteurs des œufs et de l'horticulture sous serre ont permis des économies d'énergie atteignant 40 % par rapport à la consommation de référence de 2000/2001 (DEFRA, 2013a).

Le programme des CCA a été controversé (Bowen et Rydge, 2011). Pour certains, les accords ont été efficaces en ce qu'ils ont permis de focaliser l'attention des responsables sur l'efficacité énergétique, alors que pour d'autres, leur efficacité est sujette à caution. Les seconds ont notamment fait valoir que les CCA n'étaient pas très exigeants et que beaucoup de ressources étaient consacrées à leur négociation et à leur suivi. En revanche, des études empiriques ont montré que la taxe changement climatique appliquée à taux plein avait réussi à promouvoir l'efficacité énergétique et l'innovation, mais que cela n'avait pas été le cas des accords, laissant entendre que la suppression des seconds était sans doute indiquée.

États-Unis – Une série de programmes volontaires pour améliorer l'efficacité énergétique

Les États-Unis recourent à différents programmes pour accroître l'efficacité énergétique. Parmi ceux qui sont administrés par le ministère de l'Agriculture (United States Department of Agriculture, USDA), certains sont autorisés en vertu des titres de la loi agricole (Farm Bill) relatifs à l'énergie, à la conservation et au développement rural : c'est le cas entre autres du Rural Energy for America Program (REAP, programme d'énergie rurale pour l'Amérique), de la Multi-Family Housing Energy Efficiency Initiative (initiative pour l'efficacité énergétique des habitations collectives), du Rural Utility Service Electric Program (programme électrique du Service pour les infrastructures rurales), du High Energy Cost Grant Program (programme de primes pour coûts énergétiques élevés) et du Environmental Quality Incentive Program (EQIP, programme d'incitations pour la qualité environnementale) (Farley, 2013 ; www.ers.usda.gov/agricultural-act-of-2014-highlights-and-implications/).

De façon générale, ces programmes soutiennent l'investissement dans les technologies énergétiques de substitution et dans la production de biomasse renouvelable pour les biocarburants par des mesures d'éducation, de recherche et d'aide financière, et encouragent la production d'autres produits biochimiques et d'origine biologique renouvelables au travers de marchés publics fédéraux et de dispositifs d'aide financière. Deux d'entre eux, le REAP et l'EQIP, sont examinés dans les paragraphes suivants.

Le Rural Energy for America Program (REAP)

Le REAP accorde aux petites entreprises et producteurs agricoles un soutien financier sous la forme de garanties d'emprunt et de primes afin de promouvoir l'efficacité énergétique et le développement des énergies renouvelables dans les zones rurales. Des financements sont prévus dans plusieurs domaines : diagnostics énergétiques, amélioration du rendement énergétique du matériel agricole et énergies renouvelables.

Depuis la modification de la loi agricole (Farm Bill) en 2014, le REAP donne lieu à un processus de demande de prêt ou de prime à trois vitesses qui trie les projets en fonction du coût de l'activité proposée. Par ailleurs, les primes aux études de faisabilité ont été supprimées, tout comme celles destinées aux pompes mélangeuses, car les mécanismes d'approvisionnement énergétique au détail ont été exclus du champ des « systèmes d'énergie renouvelable ». Les conseils (organismes à but non lucratif et filiales) peuvent aujourd'hui demander des primes au titre des diagnostics énergétiques et du développement des énergies renouvelables. Les dépenses du REAP ont baissé par rapport au pic de financements de 361 millions USD atteint lors de l'exercice 2010. Même si sa dotation a été ramenée à 50 millions USD de financements obligatoires plus 20 millions USD de financements discrétionnaires par exercice budgétaire pour la période 2014-18, le REAP continue d'aider les producteurs agricoles et les petites entreprises des zones rurales à se tourner vers les énergies renouvelables et à améliorer leur efficacité énergétique.

L'Environmental Quality Incentive Program (EQIP)

Renouvelé jusqu'en 2018 dans le cadre de la modification de la loi agricole intervenue en 2014, l'EQIP est un vaste programme de conservation dont l'importance en tant que source de financement de l'efficacité énergétique est parfois ignorée. Il se décline en plusieurs initiatives ciblant différents problèmes d'environnement, et prévoit notamment des aides financières pour les producteurs qui mettent en place et pérennisent des pratiques de conservation sur les terres agricoles et forestières remplissant certains critères.

Les économies d'énergie et l'efficacité énergétique sont l'un des objectifs du programme, mais pas le seul. Les projets d'économie d'énergie sont menés dans le cadre de l'initiative sur l'énergie dans les exploitations (On-Farm Energy Initiative). L'EQIP aide les exploitants agricoles à réaliser des diagnostics énergétiques – appelés Agricultural Energy Management Plans (AgEMP) – pour des sites particuliers et à élaborer des plans d'économie, souvent en collaboration avec des prestataires de services techniques locaux comme EnSave[13].

Il existe deux types d'AgEMP : les *Headquarters AgEMP*, qui portent sur les questions énergétiques traditionnelles intéressant les exploitations agricoles, comme l'efficacité de l'éclairage et la consommation de carburant, et les *Landscape AgEMP*, proposés depuis 2009, qui envisagent la consommation d'énergie des exploitations dans une perspective plus globale et examinent des aspects comme la consommation d'eau et l'érosion. Après achèvement du diagnostic initial, l'EQIP aide les agriculteurs à élaborer un plan de mise en œuvre de pratiques de conservation. Des financements sont disponibles à l'appui de la mise en œuvre. Ils sont alloués selon le principe premier arrivé, premier servi, et non dans le cadre d'un processus de mise en concurrence des projets.

Le Water and Waste Disposal Program

Le Water and Waste Disposal Program (programme sur les eaux usées et l'élimination des déchets) propose des financements aux localités rurales qui créent, agrandissent ou modernisent leurs installations d'épuration des eaux usées ou d'élimination des déchets. Les projets sont conçus pour améliorer l'efficacité énergétique de ces installations et les efforts d'économie d'eau. Seules peuvent en bénéficier les communes de 10 000 habitants ou moins qui sont dans l'impossibilité d'accéder au crédit par ailleurs. En outre, le revenu médian des foyers de la commune doit être faible. La priorité est accordée aux entités publiques qui desservent des localités de moins de 5 500 habitants et sollicitent un prêt pour remettre en état un réseau d'eau en voie de dégradation ou pour améliorer, agrandir ou modifier une installation accueillant des déchets qui n'est pas adaptée. Le montant des primes est plafonné à 75 % du coût d'un projet. Selon les règles régissant le programme, il ne devrait pas dépasser le montant nécessaire pour ramener les tarifs appliqués aux usagers à un niveau raisonnable pour la région. En règle générale, le Water and Waste Disposal Program donne lieu à un panachage de primes et de prêts en fonction des niveaux de revenu et des coûts des utilisateurs. Cependant, des primes indépendantes sont prévues pour l'élimination des déchets solides ainsi que pour l'assistance technique et la formation. Le budget du programme s'est élevé à près de 1.7 milliard USD en 2016.

Notes

1. Pour Gillingham et Palmer (2013), les études techniques surestiment peut-être l'ampleur du déficit d'efficacité énergétique en omettant de prendre en compte une partie des coûts et en négligeant certains types de comportements économiques. Néanmoins, les données empiriques laissent à penser que les défaillances du marché telles que l'asymétrie d'information et le problème d'agence peuvent peser sur les décisions en matière d'efficience et contribuer au déficit.

2. À titre d'exemple, Galitsky et al. (2003) ont recensé plus d'une centaine de technologies et de mesures qui améliorent l'efficacité énergétique dans la transformation et la fabrication des produits alimentaires.

3. Dans une usine de la société Nestlé, on a ainsi constaté que des économies d'énergie de jusqu'à 30 % étaient possibles sans avoir à investir, simplement en modifiant les procédures et les comportements.

4. Dans leur examen des études empiriques portant sur l'ampleur du déficit d'efficacité énergétique, Allcot et Greenstone (2012) font valoir que, faute de répondre aux normes modernes, ces études ne livrent pas d'estimations crédibles de la valeur actuelle nette des économies de coûts énergétiques et omettent souvent de mesurer les autres coûts et avantages.

5. Récemment, certains économistes ont émis l'hypothèse que les biais comportementaux systématiques affectant les décisions de consommation pouvaient expliquer le déficit d'efficience apparent. Voir Gillingham et Palmer (2013) pour plus de détails.

6. Ce soutien entrave les efforts mondiaux de réduction des émissions et de lutte contre le changement climatique. Les gouvernements lui consacrent quasiment deux fois le montant nécessaire pour atteindre les objectifs de financement climatique fixés par la communauté internationale, qui appellent à la mobilisation de 100 milliards USD par an d'ici à 2020 (OCDE, 2015a).

7. Il est à noter que certaines études ne constatent pas de lien causal direct entre les évolutions des prix de l'énergie et des produits de base non énergétiques (Baffes et Haniotis, 2016). Ces résultats contradictoires peuvent s'expliquer par le poids grandissant des biocarburants (qui a pu affaiblir le lien entre les prix du pétrole et ceux des denrées alimentaires) ou par des différences méthodologiques.

8. Les prix des engrais ont baissé de 45 % depuis 2011 et de plus de 50 % par rapport au niveau record de 2008.

9. Les changements de coûts de production sont faibles pour deux raisons : i) le recul des prix des intrants liés à l'énergie est inférieur à la variation des prix ; et ii) les coûts liés à l'énergie ne représentent qu'une partie des frais d'exploitation.

10. Certaines mesures récentes, dont la directive de l'UE relative à l'efficacité énergétique et le plan des États-Unis pour une électricité propre (*Clean Power Plan*), favoriseront un investissement accru, et il en va de même des contributions prévues déterminées au niveau national (CPDN) présentées en 2014 dans le contexte de la Convention-cadre des Nations Unies sur les changements climatiques (CCNUCC), qui donneront lieu au développement des actions en matière d'efficacité énergétique.

11. En revanche, on sait que dans beaucoup de pays, des campagnes similaires ont donné de bons résultats dans la lutte contre certains problèmes sans rapport avec l'alimentation, comme le tabagisme et l'alcool au volant. Leur réussite a été attribuée au fait qu'elles répétaient inlassablement le message insistant sur les bons comportements à adopter. Dans la plupart des cas, l'information est allée de pair avec des mesures encadrant la liberté de chacun, comme l'interdiction de la conduite sous l'emprise d'alcool et l'obligation du port de la ceinture de sécurité.

12. En Finlande, 88 % de l'énergie consommée dans l'agriculture pourrait être produite à partir de biogaz, bien que la production de biogaz soit encore modeste (Huttunen et Kuittinen, 2015).

13. EnSave est une entreprise qui a son siège dans l'État du Vermont et aide les agriculteurs à mener à bien des projets de modernisation améliorant l'efficacité énergétique au travers de diagnostics et de services de conseil en énergie. Pour plus d'informations, voir www.ensave.com.

Bibliographie

AIE (Agence internationale de l'énergie) (2015), *World Energy Outlook Special Report : Energy and Climate Change*, www.worldenergyoutlook.org/energyclimate/, AIE, Paris.

AIE (2014), *Capturing the Multiple Benefits of Energy Efficiency*, www.iea.org/publications/freepublications/publication/Captur_the_MultiplBenef_ofEnergyEficiency.pdf, AIE, Paris.

AIE (2008), *Energy Efficiency Policy Recommendations Prepared by the IEA for the G8 under the Gleneagles Plan of Action*, AIE/OCDE, Paris.

Allcott, H. et M. Greenstone (2012), « Is there an energy efficiency gap? », *National Bureau of Economic Research*, Working Paper n° 17766, www.nber.org/papers/w17766.

Ambec, S., M. Cohen, S. Elgie et P. Lanoie (2011), « The Porter Hypothesis at 20: Can Environmental Regulation Enhance Innovation and Competitiveness? », *Resources for the Future*, Discussion Paper 11-01, Washington, D.C.

Baffes, J. et al. (2015), *The Great Plunge in Oil Prices: Causes, Consequences, and Policy Responses, Policy Research Note 1*, Washington, D.C., Groupe de la Banque mondiale, www.worldbank.org/content/dam/Worldbank/Research/PRN01_Mar2015_Oil_Prices.pdf.

Baffes, J. et T. Haniotis (2016), *What Explains Agricultural Price Movements?, Policy Research Working Paper n° 7589*, Washington, D.C., Groupe de la Banque mondiale, http://documents.worldbank.org/curated/en/896671468000259659/What-explains-agricultural-price-movements

BASE (2012), *Energy Savings for a Bread Plant*, Base Company, www.baseco.com/casestudies/Bread%20Plant.pdf .

BIAC (Comité consultatif économique et industriel auprès de l'OCDE) (2013a), *Green Growth in the Agro-Food Chain: What Role for the Private Sector?, BIAC Discussion Paper*, www.oecd.org/tad/sustainable-agriculture/Session%201%20KIRCHBERG_Paper%2017%20april%20BIAC%20paper%20formatted.pdf, consulté en september 2015.

BIAC (2013b), « BIAC Perspectives on Private Sector Solutions to Food Waste and Loss », document préparé pour la quatrième réunion du Réseau de l'OCDE pour l'analyse de la filière alimentaire, tenue les 20 et 21 juin 2013 sur le thème « Pertes et déchets alimentaires dans la filière agroalimentaire », disponible à l'adresse suivante : www.oecd.org/site/agrfcn/4thmeeting20-21june2013.htm.

Bio-Based Industries (BBI) (2015), Public-Private partnership, site web, www.bbi-europe.eu/about/about-bbi.

Bowen, A. et J. Rydge (2011), « Climate-Change Policy in the United Kingdom », *Documents de travail du Département des affaires économiques de l'OCDE*, n° 886, Éditions OCDE, http://dx.doi.org/10.1787/5kg6qdx6b5q6-en.

British Retail Consortium (BRC) (2014), *A Better Retailing Climate: Driving Resource Efficiency*, www.brc.org.uk/retailingclimate.

British Sugar (2010), *2009-10 Corporate Sustainability Report*, Peterborough, British Sugar, www.britishsugar.co.uk/Files/British-Sugar-Sustainability-Report-NAVIGABLE_2(2).aspx.

Brown, E., R. Elliott et S. Nadel (2005), « Energy efficiency programs in agriculture: design, success, and lessons learned », *American Council for an Energy-Efficient Economy (ACEEE)*, Report No. IE051.

Capacci, S. et al. (2012), « Policies to promote healthy eating in Europe: A structured review of instruments and their effectiveness », *Nutrition Reviews*, vol. 70, n° 3.

DEFRA (Department for Environment, Food and Rural Affairs) (2010), *Food 2030 Strategy*, http://webarchive.nationalarchives.gov.uk/20130402151656/http:/archive.defra.gov.uk/foodfarm/food/pdf/food2030strategy.pdf..

DEFRA (2013), *Energy Dependency and Food Chain Security*, Report FO0415, Londres, Royaume-Uni, http://randd.defra.gov.uk/Default.aspx?Menu=Menu&Module=More&Location=None&Completed=0&ProjectID=16433.

Eatwell (2012), « Effectiveness of Policy Interventions to Promote Healthy Eating and Recommendations for Future Action: Evidence from the EATWELL Project », Deliverable 5.1, disponible à l'adresse suivante : http://eatwellproject.eu/en/upload/Reports/Deliverable%205_1.pdf.

EECA (Energy Efficiency and Conservation Authority) (2009), « Dairy farmers milk free energy », www.solarthermalworld.org/sites/gstec/files/New%20Zealand%20Dairy%20Farms.pdf.

EECA (2014), « Irrigation energy efficiency evaluation pilot – summary report », Nouvelle Zélande, www.eeca.govt.nz/resource/irrigation-energyefficiency-evaluation-pilot-summary-report.

Farley, K. (2013), « Energy efficiency opportunities at USDA: An ACEEE White Paper », American Council for an Energy-Efficient Economy (ACEEE), Washington, D.C.

FoodDrinkEurope (2012), Environmental Sustainability Vision Towards 2030, http://sustainability.fooddrinkeurope.eu/uploads/section-images/USE_SustainabilityReport_LDFINAL_11.6.2012.pdf, consulté en septembre 2015.

Galitsky, C. et al. (2005), *BEST Winery Guidebook: Benchmarking and Energy and Water Savings Tool for the Wine Industry*, Berkeley, CA, Lawrence Berkeley National Laboratory, LBNL-3184.

Gillingham, K., R. Newell et K. Palmer (2009), « Energy Efficiency Economics and Policy », *National Bureau of Economic Research*, Working Paper 15031, www.nber.org/papers/w15031.pdf.

Gillingham, K. et K. Palmer (2013), « Bridging the Energy Efficiency Gap Insights for Policy from Economic Theory and Empirical Analysis », *Resources For the Future*, DP 13-02, www.rff.org/files/sharepoint/WorkImages/Download/RFF-DP-13-02.pdf .

Gołaszewski, J. et al. (2012), « State of the art on energy efficiency in agriculture - Country data on energy consumption in different agro-production sectors in the European countries », Project founded by the FP7 Programme of the EU with the Grant Agreement Number 289139, AGREE Project Deliverable 2.1.), www.agree.aua.gr.

Hasler, M. (2008), « Health claims in the United States: An aid to the public or a source of confusion? », *The Journal of Nutrition*, vol. 138, n° 6.

Hausman, C. et R. Kellogg (2015), "Welfare and Distributional Implications of Shale Gas", *Brookings Papers on Economic Activity*, Brookings Institution, Washington, D.C.

Hitaji, C. et S. Suttles (2016), *Trends in U.S. Agriculture's Consumption and Production of Energy: Renewable Power, Shale Energy and Cellulosic Biomass*, EIB-159, U.S. Department of Agriculture, Economic Research Service, Washington, D.C., www.ers.usda.gov/publications/pub-details/?pubid=74661.

Huttunen, M.J. et V. Kuittinen (2015), *Suomen biokaasulaitosrekisteri*, No. 18. Reports and Studies in Forestry and Natural Sciences No 21, University of Eastern Finland.

Lang, T. (2013), *Lessons from Across the Atlantic: Policy Faultiness and Policy Possibilities on Sustainable Diets*, disponible à l'adresse suivante : http://iom.edu/~/media/Files/Activity%20Files/Nutrition/FoodForum/May_07_2013/Tim%20Lang.pdf.

Marshall, K. et al. (2015), *Effects of Recent Energy Price Reductions on U.S. Agriculture*, ERS/USDA, Bio-04, Washington D.C., www.ers.usda.gov/webdocs/publications/bio04/52998_bio-04.pdf.

McKinsey & Company (2010), *Energy efficiency: A compelling global resource.*

Mehlhart, G. et al. (2016), *Study on the Energy Saving Potential of Increasing Resource Efficiency – Final Report*, étude préparée pour la Commission européenne, Direction générale de l'environnement, Bruxelles, http://ec.europa.eu/environment/enveco/resource_efficiency/pdf/final_report.pdf.

Mhurchu, C. et D. Gordon (2007), « Nutrition labels and claims in New Zealand and Australia: a review of use and understanding », *Australian and New Zealand Journal of Public Health*, vol. 31, n° 2.

Morvaj, Z. et V. Bukarica (2010), « Energy efficiency policy », in Palm, J. (dir. pub.) (2010), *Energy Efficiency*, http://cdn.intechopen.com/pdfs-wm/11461.pdf.

Nadel, S. et H. Geller (1996), « Utility DSM: What Have we Learned? Where are we Going? », *Energy Policy*, vol. 24, n° 4.

OCDE (2016), "Synergies et déséquilibres entre productivité agricole et adaptation au changement climatique et atténuation : étude de cas sur les Pays-Bas", COM/TAD/CA/ENV/EPOC(2016)7/FINAL, Éditions OCDE, Paris.

OCDE (2015a), *Rapport accompagnant l'inventaire OCDE des mesures de soutien pour les combustibles fossiles*, Éditions OCDE, Paris, http://dx.doi.org/10.1787/9789264243583-fr..

OCDE (2015b), *Taxing Energy Use 2015: OECD and Selected Partner Economies*, Éditions OCDE, Paris, http://dx.doi.org/10.1787/9789264232334-en.

OCDE (2014), *Indicateurs de croissance verte pour l'agriculture: Évaluation préliminaire*, Éditions OCDE, Paris, http://dx.doi.org/10.1787/9789264226111-fr.

OCDE (2013), *Prix effectifs du carbone*, Éditions OCDE, Paris, http://dx.doi.org/10.1787/9789264197138-fr..

OCDE (2010), *La fiscalité, l'innovation et l'environnement*, Éditions OCDE, Paris, http://dx.doi.org/10.1787/99789264087651-fr.

OCDE (2006), *L'économie politique des taxes liées à l'environnement*, Éditions OCDE, Paris, http://dx.doi.org/10.1787/9789264025554-fr.

OCDE (2001), *Les taxes liées à l'environnement dans les pays de l'OCDE: Problèmes et stratégies*, Éditions OCDE, Paris, http://dx.doi.org/10.1787/9789264293656-fr.

Passey, R. et R. MacGill (2009), « Energy Sales Targets: An alternative to White Certificate Schemes », *Energy Policy*, vol. 37, n° 6.

PEF World Forum Newsletter (2014), www.pef-world-forum.org/eu-environmental-footprinting/position-papers/, consulté le 5 janvier 2015.

Pollard, M. et al. (2008), « Increasing fruit and vegetable consumption: success of the Western Australian Go for 2&5 campaign », *Public Health Nutrition*, vol. 11, n° 3.

Porter, M. et C. van der Linde (1995), « Toward a New Conception of the Environment-Competitiveness Relationship », *The Journal of Economic Perspectives*, vol. 9, n° 4.

Sands, R. et P. Westcott (dir. pub.) (2011), *Impacts of Higher Energy Prices on Agriculture and Rural Economies*, ERS Research Report 123, www.ers.usda.gov/Publications/ERR123/.

Segerson, K. et T. Miceli (1998), « Voluntary Environmental Agreements: Good or Bad News for Environmental Protection? », *Journal of Environmental Economics and Management*, vol. 36, n° 2.

Sorrell, S., A. Mallett et S. Nye (2011) « Barriers to industrial energy efficiency: A literature review », ONUDI, 2011.

Tassou, S. et al. (2014), « Energy Demand and Reduction Opportunities in the UK Food Chain », *Energy*, vol. 167, n° 3.

Vyth, E. et al. (2010), « Front-of-pack nutrition label stimulates healthier product development: a quantitative analysis », *The International Journal of Behavioral Nutrition and Physical Activity*, Vol. 7, n° 65.

Ziesemer, J. (2007), *Energy Use in Organic Food Systems*, FAO, Rome.

Annexe 5A.1

Principaux moyens d'amélioration de l'efficacité énergétique de la filière alimentaire

Tableau A5.1. Possibilités d'améliorer l'efficacité énergétique des composantes particulièrement énergivores de la chaine alimentaire

Production/ consommation	Demande d'énergie	Possibilité d'amélioration
Intrants		
Éléments nutritifs	Utilisation d'engrais	Optimiser l'utilisation d'éléments nutritifs en dosant et en programmant avec précision l'épandage d'engrais
Machines	Fonctionnement des tracteurs et machines	Utilisation de tracteurs économes en carburant ; formation des opérateurs des machines
Production sur l'exploitation d'aliments pour les animaux (pacage et cultures)	Utilisation d'engrais	Épandage précis ; engrais organiques
Irrigation	Électricité	Irrigation de précision ; dimensionnement des pompes/moteurs adapté aux besoins en eau ; contrôle des installations d'aspersion par GPS
Production primaire		
Grandes cultures	Forte demande de carburant (gazole) pour les machines ; forte demande d'énergie en cas de cultures irriguées ; électricité destinée à l'irrigation, aux installations d'entreposage ; chaleur pour le séchage (GPL, gaz).	Utilisation ciblée de produits agrochimiques et d'engrais de ferme par les exploitants ; pratiques de travail du sol réduit ; emploi de techniques d'agriculture de précision ; agriculture biologique
Légumes – production à grande échelle en vue de leur transformation	Forte demande de carburant (gazole) pour les machines ; forte demande d'énergie en cas de cultures irriguées et pour la réfrigération après récolte	Ventilateurs conçus pour assurer une circulation de l'air performante ; cogénération ; récupération de la chaleur ; pompes à chaleur
Production laitière (à grande échelle, > 50 vaches)	Forte demande d'électricité pour la traite, le pompage, le refroidissement, l'irrigation, l'éclairage, la pasteurisation	Optimiser le prérefroidissement ; chaudières fonctionnant à la biomasse ; éclairage économe en énergie
Élevage intensif	Forte consommation d'énergie en cas de confinement des animaux à l'intérieur et de production de leur alimentation dans l'exploitation ; consommation moyenne ou faible si les animaux sont à l'extérieur une partie du temps et que leur alimentation est achetée	Méthanisation des effluents d'élevage ; chaudières fonctionnant à la biomasse ; éclairage économe en énergie ; amélioration de l'isolation et des systèmes de ventilation des bâtiments accueillant les animaux

Production/ consommation	Demande d'énergie	Possibilité d'amélioration
Transformation	Production de chaleur et de froid	Recirculation de l'air dans les séchoirs (légumes) ; récupération de la chaleur à des fins de préchauffage ; méthodes de prérefroidissement
Vente de détail	Entreposage ; ventilation et climatisation ; éclairage	Améliorer le rendement du système de réfrigération ; cogénération ; récupération de la chaleur ; pompes à chaleur
Emballage	Matériaux d'emballage	Innovation dans la mise au point d'emballages dont la conception et les matériaux sont respectueux de l'environnement ; recyclage des matériaux d'emballage ; utilisation de bioressources (écoconception)
Ménages	Hausse de la demande de produits alimentaires transformés, prêts à l'emploi et à emporter, dont la production est plus énergivore	Réduction au minimum des déchets alimentaires ; utilisation optimale des appareils ménagers (par exemple, consommation d'électricité et d'autres formes d'énergie pour la cuisson, le nettoyage et la conservation des aliments)

ORGANISATION DE COOPÉRATION ET DE DÉVELOPPEMENT ÉCONOMIQUES

L'OCDE est un forum unique en son genre où les gouvernements oeuvrent ensemble pour relever les défis économiques, sociaux et environnementaux que pose la mondialisation. L'OCDE est aussi à l'avant-garde des efforts entrepris pour comprendre les évolutions du monde actuel et les préoccupations qu'elles font naître. Elle aide les gouvernements à faire face à des situations nouvelles en examinant des thèmes tels que le gouvernement d'entreprise, l'économie de l'information et les défis posés par le vieillissement de la population. L'Organisation offre aux gouvernements un cadre leur permettant de comparer leurs expériences en matière de politiques, de chercher des réponses à des problèmes communs, d'identifier les bonnes pratiques et de travailler à la coordination des politiques nationales et internationales.

Les pays membres de l'OCDE sont : l'Allemagne, l'Australie, l'Autriche, la Belgique, le Canada, le Chili, la Corée, le Danemark, l'Espagne, l'Estonie, les États-Unis, la Finlande, la France, la Grèce, la Hongrie, l'Irlande, l'Islande, Israël, l'Italie, le Japon, la Lettonie, le Luxembourg, le Mexique, la Norvège, la Nouvelle-Zélande, les Pays-Bas, la Pologne, le Portugal, la République slovaque, la République tchèque, le Royaume-Uni, la Slovénie, la Suède, la Suisse et la Turquie. La Commission européenne participe aux travaux de l'OCDE.

Les Éditions OCDE assurent une large diffusion aux travaux de l'Organisation. Ces derniers comprennent les résultats de l'activité de collecte de statistiques, les travaux de recherche menés sur des questions économiques, sociales et environnementales, ainsi que les conventions, les principes directeurs et les modèles développés par les pays membres.

ÉDITIONS OCDE, 2, rue André-Pascal, 75775 PARIS CEDEX 16
(51 2017 08 2 P) ISBN 978-92-64-28777-8 – 2017

www.ingramcontent.com/pod-product-compliance
Lightning Source LLC
LaVergne TN
LVHW080928120826
845149LV00018B/1677

9789264287778